CONVERSAS COM
IÇAMI TIBA

CONVERSAS COM IÇAMI TIBA

VOLUME 4

- HOMEM & MULHER: TERRITÓRIOS EM CONFLITO
- O HOMEM (COBRA)
- A MULHER (POLVO)

Integrare
EDITORA

Copyright © 2009 Içami Tiba
Copyright © 2009 Integrare Editora e Livraria Ltda.

Publisher
Maurício Machado

Assistente editorial
Luciana M. Tiba

Coordenação editorial
Miró Editorial

Copidesque
Márcia Lígia Guidin

Revisão
Daniela Braz
Maria Aiko Nishijima

Projeto gráfico de capa e miolo
Alberto Mateus

Diagramação
Crayon Editorial

Foto da capa
André Luiz M. Tiba

Dados Internacionais de Catalogação na Publicação (CIP)
(Câmara Brasileira do Livro, SP, Brasil)

Tiba, Içami
 Conversas com Içami Tiba : volume 4 São Paulo :
Integrare Editora, 2009.

 Bibliografia.
 ISBN 978-85-99362-31-0

 1. Adolescentes - Comportamento sexual 2. Adolescentes - Educação 3. Adolescentes - Relações familiares 4. Educação sexual para adolescentes 5. Executivos - Relações familiares 6. Pais e adolescentes 7. Psicologia do adolescente I. Título.

09-02120	CDD-155.5

Índices para catálogo sistemático :
1. Adolescentes : Psicologia 155.5
2. Psicologia do adolescente 155.5

Todos os direitos reservados à INTEGRARE EDITORA E LIVRARIA LTDA.
Rua Tabapuã, 1123, 7º andar, conj. 71/74
CEP 04533-014 – São Paulo – SP – Brasil
Tel: (55) (11) 3562-8590
visite nosso site: www.integrareeditora.com.br

SUMÁRIO

Cada um é um, mas... 9
Apresentação 11

HOMEM & MULHER: TERRITÓRIOS EM CONFLITO

Mentes e almas masculino-femininas 13
    Mente/alma 13
    Fêmea/macho 14
    Feminino/masculino 14
    Polvo/cobra 15
    O humor cura 15
Propaganda enganosa 16
    Desejos 17
    Agora é que são elas! 17
    O dia tão esperado chegou 18
    Felizes para sempre 19
    O que ele nem suspeita 20
    O que ela não imagina 20
    Uma questão de "como somos" 22
Encontros e desencontros na cama 22
    Hora de deitar 23
    Orgasmo assassino 24
    Amor e morte 25
Polvo e cobra vão ao toalete 25
    Xiiiii, veio! 26
    Cada um na sua 27
    Espelho e batom 28

Disputando o território 29
Perdidos no trânsito 30
Na sala de espera do dentista 30
Apareça lá em casa 31
O quê? Vocês brigaram? 32
Chegando em casa depois do trabalho. 33
Idades sexuais 34
    Idade do pombinho 35
    Idade do macaquinho 37
    Idade do urubu .39
    Idade da águia. .41
    Momentos de águia 42
    Idade do condor ou do papagaio. 43
O rapto 45

O HOMEM (COBRA)

Noite de sexta-feira 51
    Diferenças nada sutis 52
    Sem a menor cerimônia 52
Espichado no sofá 53
Um domingão na praia. 54
Hora da Fórmula 1. 55
O cobra vai ao supermercado 56
Cobra *single*, com ou sem filhos 58
    Um flat bem equipado. 58
    Papai cobra leva os filhos ao restaurante 59
O cobra (não) vai às compras 60

A MULHER (POLVO)

A polvo não relaxa nunca! 63

Levando os anjinhos à praia 65

    As crianças sumiram! 66

A polvo vai às compras! 67

    Domando um cobrinha 68

    O que é a birra.........................69

    Existe uma solução 70

    O método do chacoalhão 71

Recatos de menina 72

A polvo diante da TV 72

Depois da separação........................74

Lista de compras...........................74

Orgulho da mamãe 75

Respostas para o que você quer saber 77

    Fala 77

    Audição 78

    Visão.................................81

    Olfato 82

    Tato 83

Um final feliz 87

Sobre Içami Tiba...........................89

CON
VERSAS

Cada um é um, mas...

Cada um é um...
Cada outro é outro...
Sofrer é um querer ser o outro.
Impossível é que o outro seja um...
Ninguém transforma ninguém.

Compreendendo-se as diferenças entre um e outro,
Forma-se a identidade um-outro.
Um carrega dentro de si o outro,
Enquanto o outro leva um dentro de si.

Assim, um-outro é mais saudável para resolver qualquer sofrimento
Porque não existe vida sem dor.
Um-outro é a multiplicação do amor dos dois.
Porque o amor ajuda a superar a dor.
Um-outro amplifica a alegria e o bom humor
Porque a felicidade ilumina o triunfo da sabedoria.

Içami Tiba

CON
VERSAS

APRESENTAÇÃO

Para atender às solicitações de inúmeros leitores e admiradores que buscam uma leitura rápida, precisa e de fácil entendimento, escrevi "Conversas com Içami Tiba", uma coleção de bolso criada especialmente para você, caro(a) leitor(a). Este quarto volume contém as partes essenciais e práticas de um de meus 22 livros, **Homem Cobra, Mulher Polvo**. Nesta obra, você poderá, com humor, reconhecer-se a si mesmo(a) e, a partir disso, refletir sobre as diferenças que há entre homens e mulheres na vida a dois. Se homens e mulheres são diferentes, também encontram sintonias nessas diferenças. E lembrá-las a você, leitor, significa vislumbrar bons caminhos para a felicidade e a harmonia. Homens e mulheres são tema de arte, luta, vida e amores em todos os tempos. São o tema de nossas vidas. Vamos revê-lo. Bom divertimento e boa leitura.

CONVERSAS

HOMEM & MULHER: TERRITÓRIOS EM CONFLITO

Mentes e almas masculino-femininas

Para quem deseja fazer-se compreender pelas outras pessoas, é fundamental deixar claros os significados atribuídos a determinadas palavras, ações, intenções, sentimentos, emoções, comportamentos ou situações. Isso, porém, não é suficiente para manter um bom relacionamento, já que este exige muito mais do que boa comunicação: exige interação. Toda ação provoca uma reação, que precisa também ser compreendida...

Assim, quando dois seres tão diferentes como o homem e a mulher se relacionam, é necessário que essas diferenças sejam muito bem compreendidas a fim de que o relacionamento seja bom.

Este livro trata justamente das diferenças entre homem e mulher em seus diversos aspectos.

E para que você, leitor ou leitora, entenda bem o que desejo transmitir, explico sumariamente o que significam para mim estas quatro duplas de palavras: mente/alma, fêmea/macho, feminino/masculino e polvo/cobra.

MENTE/ALMA

Chamo de mente todo processo mental que rege

conscientemente o que sentimos e fazemos. Na minha visão, ela está mais ligada ao aspecto biológico do ser humano. Nem tudo, porém, é regido pela mente, e sim pela alma – palavra que emprego aqui totalmente despida de conceitos religiosos, morais, científicos ou metafísicos. Entendo a alma como a parte desconhecida da consciência que nos faz perceber o que sentimos e fazemos somente depois que sentimos ou fizemos. Assim, quanto mais a pessoa conhece sua alma, que está ligada ao aspecto psicológico, menos imprevistos ela sofre.

FÊMEA/MACHO

Uso esses conceitos para me referir ao funcionamento do ser humano segundo seu determinismo biológico, que é regido principalmente pelos hormônios vitais (muitos deles sexuais). A fêmea se comporta conforme seus períodos de estrogênio ou de progesterona, que se alternam ciclicamente. Já o macho tem o comportamento invariavelmente regido pela testosterona. Termos como fêmea e macho se aplicam ao humano animal que não usa a mente, muito menos a alma.

FEMININO/MASCULINO

Trata-se do aspecto humano que envolve tanto a mente quanto a alma nos sentimentos e ações. Termos como feminino e masculino distinguem o humano do animal irracional, que segue o seu determinismo biológico. É o que presenteia o ser humano por meio do enriquecimento da mente e do engrandecimento da alma.

POLVO/COBRA

Talvez eu esteja me apropriando indevidamente da imagem de animais tão conhecidos, mas usá-los como metáfora é uma maneira fácil de explicar o que desejo transmitir – que não tem nada a ver com ofídios venenosos nem octópodes monstruosos. Refiro-me à cobra como um tentáculo desgarrado do polvo, que, por sua vez, funciona com todos os seus oito tentáculos simultânea e sincronicamente. Corte-se um dos tentáculos do polvo e tem-se a cobra, eis a ideia.

Essas analogias puramente anatômicas com o funcionamento fêmea/macho e feminino/masculino fazem tamanho sucesso nas palestras que realizo mundo afora, que vale a pena considerá-las como conceitos: mulher-polvo e homem-cobra. Aliás, preferi usar polvo em lugar de Medusa, figura mitológica grega que tinha cobras no lugar dos cabelos e transformava em pedra quem a encarasse.

O HUMOR CURA

Neste livro, relato cenas do cotidiano que envolvem o relacionamento mulher-homem – ou fêmea-macho, feminino-masculino, polvo-cobra –, dando a elas um toque de humor. Afinal, a tragédia de uns pode ser comédia para outros... Além do mais, piadas fazem bem à saúde e bom humor é sinal de inteligência.

Piadas e bom humor aliviam a dor porque liberam endorfinas – cuja composição química, similar à da morfina e à da heroína, tem efeito tranquilizante no corpo. O humor cura, pois o riso anestesia o corpo, ativa o sistema imunológico, protege contra doenças, auxilia a memória, melhora o aprendizado e prolonga a vida. Depois do riso o pulso se estabiliza, a respiração se aprofunda, as artérias se dilatam e os músculos relaxam.

O humor é o recurso mais usado pelo ser humano para lidar com a dor. Divirta-se com esta leitura. Seja mais feliz no seu relacionamento!

Propaganda enganosa

Quando o cobra a viu pela primeira vez, sentiu-se tremendamente atraído por ela. O mesmo aconteceu com a polvo, que ficou impressionadíssima com ele. Ambos sentiram na pele que algo muito diferente estava acontecendo. Adrenalina, endorfina e outras "inas" começaram a ser descarregadas no sangue. O coração queria saltar pela boca, o corpo estremecia de emoção e prazer... Até parecia que já se procuravam há muito tempo. Eis que, de repente, estavam frente a frente com a sua cara-metade, sua alma gêmea encarnada!

DESEJOS
O cobra sentia uma vontade louca de beijá-la. Entre uma palavra e outra, percebia como o corpo daquela mulher era escultural. A polvo nunca se sentira tão protegida, respeitada e cuidada por nenhum outro homem... Falavam de tudo, menos do que realmente estavam sentindo. Mas o que as palavras não diziam os olhos já estavam transmitindo havia muito tempo. A despedida foi um sofrimento. Não queriam que esse momento chegasse, e tudo era motivo para falarem um pouquinho mais. Como se estivessem vivendo felizes num sonho, eles não queriam acordar.

AGORA É QUE SÃO ELAS!
Depois desse primeiro encontro, a insegurança despertou-lhes muitas dúvidas. Ambos estavam certos de ter vivido o "amor à primeira vista", mas receavam que tudo não tivesse passado de um sonho e que a magia não se repetisse no reencontro. O que havia entre eles era tão precioso quanto frágil e poderia ruir num leve sopro de decepção. O cobra evitava ligar para a sua amada. Ele não se arriscaria a um mal-entendido que pudesse colocar a polvo como dona da situação. Ela também receava procurá-lo e parecer "uma garota muito fácil"... Uma polvo sabe que um cobra valoriza a conquista de algo que nenhum outro conseguiu, mas despreza o que lhe foi fácil obter. O grande trunfo da polvo é proporcionar

ao cobra a sensação da conquista, quando, na realidade, é ela que determina os passos dele.

Um esperava o sinal do outro. Haviam se gostado tanto que ansiavam por uma reaproximação perfeita. A polvo já ligara para todas as amigas e colhera informações sobre o pretendente com o melhor amigo dele. O cobra mergulhou profundamente em si mesmo para definir a melhor estratégia de ação, pois isso, sim, era de sua competência...

O DIA TÃO ESPERADO CHEGOU
Enfim, chegou o tão esperado e decisivo reencontro. Todas as dúvidas se dissiparam no primeiro sorriso, e aqueles tormentosos momentos de expectativa sumiram para dar lugar ao clima maravilhoso que já conheciam. O que eles imaginavam ser impossível estava acontecendo: o toque das mãos, os corpos em sintonia, as energias esquentando o casal...

Foram se descobrindo e notando que tudo era ainda melhor do que no primeiro encontro. Vieram o toque, o abraço e o beijo, que marcou um novo e inconfundível momento de entrega mútua. Ele jamais colocara tanto amor num beijo, e ela percebeu quanto era desejada. A polvo o recebia dentro de sua boca, mas também já queria recebê-lo por inteiro. O cobra começava a estar dentro dela e queria cada vez mais conquistar aquele território.

O que o cobra mais desejava era ter sexo com ela, fazê-la chegar ao orgasmo nunca antes atingido, torná-la sua para sempre. A expressão máxima do amor do cobra é possuir a sua fêmea.

O que a polvo mais queria era sentir-se amada e desejada por ele, pertencer-lhe para todo o sempre. A expressão máxima do amor da polvo é cuidar do seu homem e dar-lhe muitos filhos.

Mas o cobra sabe que, para possuir a fêmea, deve cuidar dela e protegê-la, impedindo que outros cobras se aproximem. Ele tem de colocá-la em seu território, sob seu absoluto controle – ainda que deseje espalhar seus genes além do seu território, em fortuitos encontros com outras fêmeas. A polvo se excita só de sentir o quanto é desejada pelo cobra. A expressão do seu amor é ter o homem sempre consigo, nos seus braços, nutri-lo, agasalhá-lo, acariciá-lo, beijá-lo e dizer muitas e muitas vezes o quanto o ama.

FELIZES PARA SEMPRE

O casamento se torna inevitável, determinando uma mudança radical para o cobra. Agora ele tem de ser fiel à polvo e renunciar ao seu instinto de divulgador de genes para o mundo.

A polvo também se transforma. Manter o território em ordem passa a ser sua maior preocupação, atitude que exige também do cobra. E ele, que jamais pensou nessas coisas, tem de colaborar com a ordem, a higiene e até com a beleza de seu território.

O QUE ELE NEM SUSPEITA

O que talvez o cobra nem suspeite é que tudo está escrito nos seus cromossomos, na genética. Impelido pela testosterona, o macho procura fêmeas para espalhar seus genes mundo afora. Mas nada lhe garante que a fêmea perpetuará seus genes, daí a necessidade biológica de mantê-la sob seu poder. Já para a fêmea, a descendência está assegurada mesmo que ela tenha filhos de vários pais. Para atrair o macho, ela precisa ter quadris largos que agasalhem bem a gravidez, seios fartos para alimentar os filhos dele e beleza, gerando belos machos que, por sua vez, atrairão suas fêmeas.

Mas, como a natureza deu ao homem o instinto da autopreservação, ele primeiro satisfaz as próprias necessidades e desejos para depois pensar na perpetuação da espécie. Primeiro o sexo, depois a paternidade. O que o cobra não sabe é que ele, que se sente tão conquistador, foi na verdade atraído pela fêmea no cio.

O QUE ELA NÃO IMAGINA

Quanto à polvo, talvez não imagine quanto ela se torna sexualmente atraente pela inundação do estrogênio, o hormônio que a leva para o cio. Sua pele fica mais sedosa, seus cabelos mais exuberantes, seus lábios mais carnudos. Ela escolhe trajes minúsculos, errantes e ousados, que cubram o mínimo possível de sua pele. Seus movimentos se tornam ondulantes, seus seios ficam mais cheios e pulam para fora de tudo o que é usado para controlá-los. Até sua voz fica mais sedutora – tudo determinado pelos cromossomos, para demonstrar como ela pode agasalhar bem os genes de um macho. E eles que se cuidem, pois são escolhidos conforme sua capacidade de prover e proteger bem as fêmeas e seus filhos, garantindo sua sobrevivência. Portanto, é preciso ter ombros largos, músculos fortes, boas mandíbulas, ar inteligente, olhar esperto e competitivo, até mesmo mostrar-se agressivo para se sobressair dos demais machos.

Mesmo que, após o cio, o óvulo não tenha sido fecundado por um dos 300 milhões de espermatozoides que se lançam freneticamente à sua procura, a mulher entra na fase da progesterona. E o preparo para a maternidade, que a torna menos receptiva ao macho. Quanto mais aumenta o nível de progesterona, mais as roupas cobrem o corpo e menos a fêmea permite a aproximação do sexo oposto. Ela fica avessa aos machos e pode tornar-se irritada, agressiva, depressiva e inchada. Dorme de costas para o companheiro – e ele, caso tente se aproximar, pode até levar um coice...

UMA QUESTÃO DE "COMO SOMOS"

Os cromossomos determinam a vida sexual de todos os animais, inclusive a dos seres humanos. Talvez a única diferença fundamental seja o "como somos" da espécie humana, que nos dá a racionalidade e, consequentemente, a inteligência, a criatividade e motivações muito diferentes das simplesmente biológicas. Assim, o "como somos" criou o amor, a espiritualização e a educação, transformando o simples ritual biológico do instinto sexual numa história de amor única e verdadeira para cada casal de amantes.

A propaganda enganosa fica por conta dos cromossomos, que continuam determinando novas atrações – que, por sua vez, o "como somos" teima em chamar de paixões, romances, idílios, galanteios, sonhos, devaneios...

O homem-cobra jura eterna fidelidade, enquanto seu instinto sexual o instiga a espalhar genes pelo mundo afora. A mulher-polvo promete "dar filhos ao seu homem", mas... dificilmente os entrega.

Encontros e desencontros na cama

Hoje o cobra acordou cheio de disposição. Bem que ele gostaria de dar uma "rapidinha", aquela relação sexual matutina que vai no embalo do entusiasmo vesical masculino. A relação é mesmo muito rápida, sem preliminares nem repouso do guerreiro após a batalha, daí o nome nada sensual, muito menos erótico. Na rapidinha, em geral só o homem tem prazer. O jurássico macho experimenta, com ela, a satisfação de esvaziar os intestinos, a bexiga, o departamento sexual – e sai revigorado, pronto para mais um dia de trabalho.

Para a mulher, mesmo que a transa seja boa, dificilmente ocorre o orgasmo. Sentir-se desejada pelos homens é muito gratificante. Sentir que realiza o desejo do seu querido não é o mesmo que um orgasmo, mas chega perto, bem pertinho...

HORA DE DEITAR

Como está linda sua esposa nesses trajes esvoaçantes! Cheio de desejo, o olhar do cobra é capaz de atravessar qualquer barreira e já despe a mulher. Seus corpos então se tocam num abraço profundo e se envolvem num beijo longo e prazeroso. Movidos por um só desejo, não mais usam palavras; a linguagem corporal se encarrega de tudo. Regidos pelo amor carnal, os movimentos são mais fortes, sem que a força seja usada. São movimentos vigorosos e intensos, ao mesmo tempo delicados e ternos, que fazem ferver todos os órgãos... Corações disparados, pulso acelerado, respiração ofegante, toda a energia sexual do universo presente ali, entre os dois, que já conhecem o caminho do prazer um do outro. Sem temores nem preocupações, entregam-se e formam um só corpo, uma unidade viva que se movimenta numa quase inconsciência cósmica.

O cobra já está em ponto de bala. Mas a polvo, embora corresponda a tudo e viva intensamente o sexo, ainda não chegou nem ao pré-orgasmo, a partir do qual o orgasmo viria naturalmente. Ela precisa de mais tempo.

ORGASMO ASSASSINO

O corpo do cobra começa a gemer, mas o da polvo ainda não. Ele está em via de experimentar o "orgasmo assassino", fulminante, fatal. Algo bem diferente do já conhecido "orgasmo asmático", aquele em que o ar começa a faltar porque a respiração vai ficando curta, cada vez mais curta e sonora, agudizando-se a cada tomada de ar, até chegar ao grito final vitorioso, merecedor do mais digno repouso...

Quando ele está quase na fase explosiva, a polvo o interrompe com uma ameaça: *se você for agora, você morre!* Então, ele se controla para dar mais tempo à esposa. Basta desviar a atenção para coisas anticlímax, como pensar nas contas a pagar ou na sogra. Finalmente, os corpos realizam o amor das almas. E o fato biológico, regido pelo psicológico e abençoado pelo espiritual, que transcende o material cotidiano e atinge o cósmico etéreo. Dois seres se tornam um.

AMOR E MORTE

Para o cobra, todo esse clima é muito fugaz. Seu corpo biológico sente-se exaurido e exige um sono reparador, mesmo que breve. Já na polvo, todos os tentáculos estão em êxtase; para eternizar esse momento nirvânico, eles se põem a dançar. E dançam sobre o corpo do cobra, que jaz inerte. Deslizam pelas saliências e reentrâncias, delineando o perfil do nariz, contornando os lábios, rodeando tudo, passeando entre os cabelos. Toda animada, a polvo espera, entre um e outro comentário, que o cobra compartilhe esse clima...

O cobra, porém, quer dormir. Os carinhos altamente excitantes de minutos antes o incomodam agora. Fosse ele um jurássico macho, viraria as costas para a polvo e se entregaria feliz a seu roncado sono.

Mas o cobra, um homem informático que ama a polvo, sua globalizada esposa, supera o seu sono antropológico e se põe a conversar sobre a relação. Ela no maior dos entusiasmos – e ele com o cérebro em coma...

Polvo e cobra vão ao toalete

AS DIFERENÇAS ENTRE cobras e polvos já são perceptíveis antes mesmo de eles entrarem no banheiro. A caminho, a polvo anuncia em alto e bom som seu estado fisiológico por onde vai passando: *ah*, *estou tão apertada!* O que sempre me intrigou era para quem ela estaria dizendo isso, já que ninguém lhe perguntara nada... Então outra polvo, conhecida da primeira ou não, capta a mensagem e logo corresponde: *eu também!* E lá vão as duas ao banheiro batendo o maior papo.

Ninguém consegue falar com um cobra que está a caminho do banheiro com passos largos e apressados, a cara fechada num ar agoniado e solene. Quem quiser lhe perguntar algo que lhe dê uns toques no ombro. Então, o cobra para e ouve, já que andar, controlar a bexiga e conversar são coisas demais para fazer ao mesmo tempo.

XIIIII, VEIO!

No banheiro, a polvo se fecha no reservado e despe quase metade do corpo para sentar-se no vaso sanitário. Não importa o tipo de serviço a ser feito – gasoso, líquido ou sólido –, ela sempre verifica suas roupas íntimas. É por causa da menstruação, um acontecimento tão importante que ela usa vários verbos para anunciá-lo: "veio", "chegou", "desceu" etc. Quando a menstruação vem, a polvo faz uma caretinha e diz: *xiii, veio!* A caretinha é porque a menstruação incomoda. Mas o incômodo seria ainda maior se era para ter "vindo" e não "veio". Realmente, é mais do que apropriado chamar a menstruação de incômodo, pois incomoda quando "vem" e ainda mais quando "deveria ter vindo" e "não veio"...

No caso de "ter vindo" e a polvo estar sem absorvente higiênico, ela entra logo em ação. Olha para cima e, sem ao menos saber quem está no banheiro, pergunta: *alguém tem um absorvente para me emprestar?* Sempre existe aquela polvo superorganizada, quase metódica, que coloca logo três absorventes na bolsa ao sair de casa. *Nada me surpreenderá!*, pensa ela. Essa empresta o absorvente sem pestanejar. Aliás, ela não empresta, ela dá. Nunca vi polvo alguma cobrar o empréstimo: *você me devolve o absorvente que lhe emprestei ontem?*

Já um cobra faria uma conta de débito/crédito e pediria o absorvente de volta mesmo que tivesse um com ele. O que o cobra não entende é que as polvos se relacionam por meio dos absorventes, tornando-se muito íntimas. A que empresta não pede de volta, pois sabe que, se precisar, pode pedir que, sem dúvida, a outra vai atendê-la. E, assim, acabam ficando elas por elas.

CADA UM NA SUA
Esse tipo de solidariedade, comum entre polvos, não ocorre entre os cobras. O cobra que entra primeiro no banheiro vai ao último urinol. O que chega depois vai ao primeiro urinol, guardando respeitável distância do outro. Para fazer seu serviço, o cobra se despe somente na parte que lhe interessa e não necessita da ajuda de ninguém. Em minhas observações, pelo menos, nunca vi um cobra pedir

ajuda para nada, tampouco para urinar – muito menos vi alguém oferecendo-se para ajudar... Como seria se cobra também menstruasse? Talvez usasse "bandagens" improvisadas de papel higiênico só para não pedir ajuda nem ficar devendo nada a ninguém.

Urinar é gesto que demonstra autossuficiência, independência e poder. É também um ato lúdico, já que o cobra pode dirigir o jato para onde quiser, até mesmo fazer as naftalinas darem voltinhas... Sem falar no barulho que ele adora fazer, alardeando seu urinar como se fosse uma torneira de jato forte em pia de ralo fechado. Resumindo: a polvo diz o que está sentindo, pede e oferece ajuda com a maior naturalidade, enquanto o cobra quer resolver tudo sozinho. As coisas funcionam assim também fora do banheiro.

ESPELHO E BATOM

Ao sair do reservado, a polvo avança para a pia e o espelho, mesmo que já estejam ocupados. Sem fazer cerimônia, ela desliza um tentáculo por cima da pia para atingir a torneira. Nesse momento, a polvo que chegou primeiro se inclina de modo a dar espaço à outra, mas sem deixar de ocupar o seu precioso espelho. Então a outra vai se acomodando e, de repente, as duas ocupam o mesmo lugar simultaneamente. As polvos parecem ignorar a lei da física que diz que dois corpos não podem ocupar o mesmo espaço ao mesmo tempo. Pelo espelho, a polvo que lava os tentáculos olha para a outra, que passa batom nos lábios. Esta oferece o batom àquela (que, por sua vez, o aceita) e ainda comenta: *puxa, como ficou bom em você! Pode ficar com o batom, tenho outro em casa...* E não é só o batom. Lá vai um bom tempo retocando a maquiagem.

DISPUTANDO O TERRITÓRIO

Quando um cobra encontra o lavatório ocupado, guarda cinco passos de distância, vira-se de lado para não importunar o outro e fica contando os azulejos. Dessa forma, ele respeita o limite invisível que existe entre dois cobras estranhos. O que chega não invade o território ocupado por outro, ou pode sair briga... Um cobra só invade o território do outro se estiver embriagado ou tiver "maus costumes". O que sofre a invasão reage imediatamente virando-se contra o intruso e assumindo a posição de dono do pedaço. *Qual é a sua, meu?* diz ele, ameaçando enfiar a mão no focinho do invasor. Focinho, sim, porque nessa hora o cobra vira bicho, um animal em defesa do seu território. Em outras palavras: as polvos não veem problema em se encostar uma na outra, trocar ou mesmo compartilhar o que estiverem usando. Elas têm prazer e entrosamento para ocupar o mesmo espaço, ainda que o lugar não comporte tantos tentáculos. Já os cobras marcam território, não invadem o do outro nem querem o seu invadido. Em caso de invasão, eles reagem violentamente.

Perdidos no trânsito

QUANDO SE PERDEM no trânsito, polvos e cobras têm comportamentos completamente distintos. Por exemplo, o cobra deixa a polvo à beira de um ataque de nervos. Ele dá sete voltas no mesmo quarteirão, mas não se submete a pedir a ajuda de ninguém. Fica irritado, reclama da falta de sinalização, manda as crianças calarem a boca e se recusa a ouvir os palpites da polvo; quer resolver tudo sozinho.

Se é ela quem está dirigindo (o que, naturalmente, só acontece caso seu cobra esteja doente ou inválido), não hesita em chamar logo o primeiro pedestre que cruza seu caminho: *ei, moço!* Então a polvo faz a pergunta e repete a resposta recebida para certificar-se de que entendeu tudo direito. Agora quem passa nervoso é o cobra, pois a polvo fica perguntando as coisas para qualquer um...

Na sala de espera do dentista

VEJAMOS COMO POLVOS e cobras se comportam num lugar público – na sala de espera de um consultório dentário, por exemplo. Ali num banco está sentada uma polvo entretida com uma coisa qualquer até que outra chega e toma assento sem a menor cerimônia. A polvo chegante já começa a falar, ao que a primeira corresponde agradavelmente. Pronto: em minutos, as duas se tornam velhas amigas. Aí, percebendo a chegada de uma terceira e desconhecida polvo, sentam-se a meia nádega para dar espaço a ela. E esta, no meio das duas, entra no papo como se estivesse nele desde o começo...

É pouco provável que um cobra se sente no banco em que outro já esteja. Mas, se isso acontecer, o que já estava sentado se levanta disfarçadamente e vai "até a janela". Caso sejam conhecidos, os cobras até compartilham o banco, mas não se encostam nem se tocam enquanto falam. Aliás, nem se veem, pois ambos ficam olhando para a frente, como se houvesse ali algo a ser estudado. O papo é assim: um cobra fala, o outro escuta. Não é incrível? As polvos não entendem como é possível falar um de cada vez – quer dizer, quando um fala, o outro escuta. Acham estranho, quando dois cobras começam a falar ao mesmo tempo, que um diga para o outro: *fale você primeiro*. Isso porque polvos falam e escutam ao mesmo tempo – e ainda reparam na quarta polvo, que acabou de passar...

Apareça lá em casa

QUANDO A POLVO acaba de conhecer uma outra, é comum ouvi-la dizer: *gostei de você, apareça lá em casa!* Basta uma "banheirada", por exemplo, para se tornarem amigas íntimas.

O que aconteceria com um cobra se, depois de uma "banheirada", dissesse para outro: *gostei de você, apareça em casa*. Xiii! Nem quero imaginar...

O quê? Vocês brigaram?

A POLVO ESTÁ A PLENO vapor no trabalho, usando todos os seus tentáculos, quando o telefone toca. Pelo toque ela já sabe: são seus filhos! *O quê? Vocês brigaram? Põe ele no telefone!*, diz a polvo, e a seguir dá uma bronca daquelas, mais um castigo, no filho mais velho. Desliga o telefone com a sensação de dever cumprido.

O que nem passa pela cabeça dela é que acabou criando uma confusão danada, pois o filho mais velho enfiou de novo a mão naquele que telefonou – além de não cumprir o castigo, já que ninguém estava lá para vigiar...

O cobra, por sua vez, está trabalhando com toda a sua atenção focada num relatório quando toca o telefone. Ele já se irrita por ter de interromper a tarefa para atender a chamada. E qual não é sua surpresa quando descobre que são seus filhos! *O quê? Vocês brigaram? Alguém morreu?* O que o cobra quer dizer é: se quem liga é quem apanha, e se quem apanha morreu, morto não vai telefonar para ele, que está trabalhando, *sustentando a família*.

As crianças tiram a concentração do seu relatório. Elas atrapalham a "caça" porque tossem, falam alto, querem fazer xixi ou saem correndo no exato momento em que o ancestral cobra-caçador está, após longa e estratégica espera em silêncio, na maior concentração possível, pronto para abater sua presa. Isso o irrita. Então, ele nada resolve, mas encaminha a situação: *ligue para sua mãe!*

A situação deixa claro que, para a polvo, os filhos estão acima de tudo em qualquer momento. Para o cobra, que está no escritório, o trabalho vem em primeiro lugar.

Chegando em casa depois do trabalho

À NOITE, VOLTANDO PARA CASA, a polvo se enche de ternura ao lembrar-se dos "maravilhosos filhinhos", que estavam na "paz de criança, dormindo" quando ela saiu. Os problemas surgem porque eles acordam... Resolve parar num mercadinho para comprar algumas guloseimas para os filhos, cheia de paparicos e mimos.

O cobra sai do trabalho com uma nuvem negra carregada de responsabilidades e preocupações sobre a cabeça. No caminho, para num bar: *happy hour!* Faz como o ancestral caçador que, ao voltar da caça, reunia-se com outros caçadores para comentar o dia, até mesmo negociar suas caças e armas. As reuniões se davam em volta de uma fogueira, e polvos não eram bem-vindas. Hoje, como não existem mais tais fogueiras, os cobras bebem para entrar no clima, isto é, acender o fogo interno...

Enquanto o cobra, sem pensar em mais nada, busca aliviar suas tensões pessoais, a polvo se põe a atender a família mesmo que nada lhe seja pedido. Chegando em casa, ela corre para ver as crianças. Depois, verifica se a casa está em ordem. Na sequência, vai para a cozinha preparar o jantar ou dar os últimos retoques na refeição. Nisso chega o cobra. Como de costume, atravessa a casa a passos largos e apressados para ir direto ao banheiro. Depois, ele se larga no sofá na frente da televisão, outra substituta do fogo de seus ancestrais, e relaxa enquanto aguarda o jantar.

Idades sexuais

CONSIDERO MUITO IMPORTANTE conhecer as várias fases do desenvolvimento sexual através da vida, desde a infância até a velhice, pois ao compreender melhor essas fases saberemos não só evitar os conflitos que elas trazem como também melhorar nosso relacionamento afetivo-sexual. Não se pode mais admitir que o homem continue agindo como macho quando ele precisa evoluir para o masculino, sendo ou não cobra. Já as mulheres, com a revolução sexual, queimaram seus sutiãs, mas muitas ainda continuam com suas calcinhas muito apertadas, e é tempo de serem mais donas da própria sexualidade.

As piadinhas que ouvi na juventude me ensinaram um pouco sobre as fases do desenvolvimento sexual, que chamo aqui de idades sexuais. Até hoje ainda se contam essas anedotas – agora também nas páginas da internet, para divertimento da maioria dos plugados. Ao mesmo tempo que nos fazem rir, elas contêm referências a algumas angústias do ser humano. Aprender sobre as idades sexuais na forma de piada tem a vantagem de atenuar esses sentimentos, tornando-nos mais íntimos dos nossos conflitos. Quanto mais informações tivermos, mais facilmente poderemos superar a angústia e partir para o desfrute da felicidade sexual que todos nós merecemos. São cinco as idades sexuais do ser humano: do pombinho, do macaquinho, do urubu, da águia e do condor, papagaio ou pombo.

IDADE DO POMBINHO

É a idade da inocência. O pombinho fica exposto, apoiado em dois ovinhos, espiando o mundo em volta. A pombinha fica menos exposta – na verdade, está cada vez mais escondida, inclusive da própria menina.

O pombinho pode ser tocado e mexido. Fica durinho e molinho. Seu maior feito é o jato, que surpreende quem troca as fraldas do nenê. A pombinha não pode ser tocada. Se a nenê quiser mexer nela, leva um tapinha na mão. E, assim, a menina sofre sua primeira repressão: na pombinha não se mexe. Tão secreta quanto a própria pombinha é a sua "produção", que se espalha na fralda.

Quem tem a esperança de que as crianças conservem para todo o sempre sua santa ingenuidade? Hoje, os pais já não são a única fonte de aprendizado nem de costumes. Pombinhas e pombinhos absorvem tudo o que veem em volta, na televisão, na escolinha, com outras criancinhas (principalmente aquelas um pouco mais velhas)... Pais e mães não raro se espantam com as conversinhas das crianças – conversinhas como esta, entre um menino e uma menina de 4 anos. Eles estão entretidos com suas brincadeiras até que a menininha repara no menininho e pergunta, apontando o pombinho:

– O que é isso?
– É o pipi que eu tenho e você não tem, responde orgulhosamente o menininho.

Então a menininha começa a olhar dentro de sua calcinha. O menininho, curioso, também quer ver. Ela lhe mostra sua pombinha, e ele pergunta:

– O que é isso?
– É a pipia!, responde ela, com certo desdém.
– E para que serve?, pergunta o menininho, ainda curioso.

Então a menininha responde, toda sabidinha:

– Mamãe falou que serve para *conseguir um monte de pipis...*

Assim, a inocência vai dando lugar a brincadeirinhas, às vezes não tão inocentes...

IDADE DO MACAQUINHO
É nessa idade que o menino começa a produzir mais testosterona, mas ainda não entende bem o que está lhe acontecendo. Ele sente uma comichão danada de mexer nos genitais, potencializada por uma incrível curiosidade pelo sexo feminino. O foco de sua atenção são os seios (cobertos, descobertos, semicobertos, disfarçados com preenchimentos, siliconados etc.) e os genitais (pelos pubianos, calcinhas e tudo o que remeter a eles). Os macaquinhos formam pequenos bandos para espiar frestas de portas, buracos de fechaduras, janelas etc. Fazem verdadeiras macaquices na tentativa de enxergar o que lhes interessa: deitam-se no chão, escalam muros, sobem em janelas.

As meninas curtem essa idade de modo diferente. Com grande alvoroço, elas se reúnem para falar de si mesmas, comentar sobre os rapazes, discutir o tamanho do pênis, e por aí vai. Tudo fica só entre elas. É nessa fase que algumas mostram interesse em conhecer o próprio corpo, examinando-se com espelhinhos.

Os garotos largam o que estiverem fazendo para trancar-se no banheiro e estudar a própria "biologia sexual" – ou seja, masturbar-se. Mais do que a satisfação sexual, eles buscam quase angustiadamente seus espermatozoides. No meio da tarde, largam a lição e vão para o banheiro pesquisar se os espermatozoides já chegaram. Enquanto não encontram nada, ficam frustrados, mas não perdem a esperança. Quem sabe à noite, antes de deitar, eles chegam... Até parece que tudo vai mudar quando isso acontecer.

Enquanto os meninos correm atrás dos espermatozoides, as meninas são surpreendidas pela menstruação – não ficam correndo atrás dela. Mesmo que algumas esperem ansiosamente pelo evento, nada se compara à ansiedade dos garotos.

Se os meninos se fixam somente nas partes femininas que lhes interessam, as garotinhas já estão à espera (ou na perseguição) do homem inteiro, o seu príncipe encantado. Em seus sonhos dourados, elas querem ser arrebatadas pelos braços do seu príncipe num beijo apaixonado para todo o sempre (amém!).

Nesse alvissareiro e tumultuado período, é inútil os pais tentarem interferir na vida sexual dos seus filhotões. E, porque os rapazes "descascam a sua banana" todos os dias, a fase é chamada de idade do macaquinho.

IDADE DO URUBU

Nessa fase, o rapaz já tem espermatozoides e se lança freneticamente em busca de uma relação sexual, não importa com quem seja. Para o urubu, qualquer carniça é filé-mignon. Preocupado com o próprio desempenho sexual, o urubu não está nem aí para a parceira. Pouco importa a origem ou o nível social dela. Essa fase é dramática para as mães, que não se cansam de orientar e aconselhar seus doces filhinhos: *relação sexual é um ato de amor, deve ser praticada com quem se ama, com responsabilidade etc., etc*. Eles respondem com um *tá bom, mãe*, mas, assim que se veem livres dela, vão correndo atrás das "barraqueiras"...

As polvos não entendem como alguém, principalmente seus queridos filhinhos, pode estar passando por essa idade. Parece que nada do que elas ensinaram está valendo... É o grande conflito do instinto sexual *versus* educação. O instinto ganha de longe e a educação tenta, pelo menos, minimizar as consequências. Para esses urubuzinhos, *mulher é a parte que atrapalha o que interessa!* Para as meninas na idade do urubu, o importante é se apaixonar, não importa por quem. Um dia estão loucamente caídas por um rapaz; no dia seguinte, arremessam sua paixão sobre qualquer outro transeunte de sua vida, que nem suspeita estar sendo alvo de alguém... Nessa fase, ganha força a polvo que existe dentro delas.

Hoje, o modo como as jovens vivem essa fase está mudando. Cada vez mais, o que interessa é com quantos elas "ficam" numa balada. "Com quem" é o de menos; o que vale é "com quantos". Mas isso pode criar conflitos internos, pois ali ainda pulsam o ideal romântico e o amor platônico por rapazes um pouco mais velhos. Para os garotos, porém, não poderia haver nada melhor. Para eles, os romances já eram – o que vale é transar, cujo treino começa no ficar. O drama dos urubuzinhos é: como transar com quem quer se apaixonar? As urubuzinhas vivem esse drama às avessas: como se apaixonar por quem só quer transar?

Grandes problemas sexuais surgem do desencontro entre a urubu-polvo apaixonada e seu urubu-cobra. Se ela facilitar, a gravidez acontece. E aí surge outro grande drama: abortar ou não? Casar o urubu não quer; ele busca a satisfação sexual, e gravidez nem lhe passa pela cabeça. Segundo pesquisas recentes, uma em cada dez garotas engravida antes de chegar aos 15 anos de idade, o que comprova que elas se entregaram aos seus príncipes – mas eles, mesmo que tenham lhes declarado o maior amor do mundo, apenas funcionaram como urubus, independentemente de assumir a paternidade ou não.

Enquanto os cobrinhas "ficam" para atingir o orgasmo, as polvinhos querem é beijar, o que no máximo pode vir acompanhado de algumas intimidades.

Mesmo que estejam a fim de transar, elas sempre controlam mais os seus desejos. Assim, os urubus avançam até onde suas "ficantes" permitem. Este é o exercício do cobra: correr atrás e abater.

IDADE DA ÁGUIA

Assim é chamada a fase da maturidade sexual. Segundo critérios sócio-afetivo-sexuais, o ser humano está maduro para o sexo quando biologicamente apto a uma relação prazerosa, na qual haja envolvimento afetivo e plena condição de assumir o relacionamento (com as devidas consequências) perante a sociedade.

A águia é muito seletiva na escolha da presa. Com seu olhar aguçado, ela elege a vítima e ataca com a certeza de que irá abatê-la; nada resiste ao seu bico. A mulher-águia escolhe um homem capacitado para ser pai de seus filhos. Nessa escolha, ela leva em conta qualidades que demonstram ser ele um bom reprodutor, protetor e provedor, apto a dar a ela e aos filhos uma boa condição de sobrevivência. A mulher-águia tem um modo muito sutil de atacar seu eleito e envolvê-lo, fazendo-o crer que a conquista é dele. Mas a natureza biológica da mulher, sofisticada pelo "como somos", transforma essa busca em paixão e amor; ela se apaixona e quer dar filhos ao seu águia.

A motivação do homem-águia é espalhar seus genes por onde passa, ele usa suas habilidades de predador para seduzir as mulheres. Mesmo desejoso de que seu espermatozoide seja generosamente acolhido por um óvulo, o águia não está biologicamente destinado à paternidade. Mas o "como somos" faz o homem entender-se como pai e assumir suas responsabilidades. Graças a isso, as crianças têm a sobrevivência garantida pelos pais e crescem no seio de uma família. Elas vão captando o estilo águia de viver e, quando seus hormônios sexuais começarem a agir e a natureza pedir a perpetuação da espécie, lá estarão elas, adultas, pensando e agindo como águias...

MOMENTOS DE ÁGUIA

Às vezes, alguns maridos e esposas exemplares desejam ter seus momentos de águia e partem para a traição fortuita. O homem tem uma desculpa antropológica para o comportamento águia, e a mulher, o péssimo costume hormonal de querer também acasalar fora do ninho...

A mulher informatizada desenvolveu-se também sexualmente. Na transição entre a polvo submetida pelo machismo e a mulher-águia, houve muitas confusões comportamentais. A piada a seguir mostra a mulher-águia nos seus primeiros voos, quando começou a tomar a iniciativa sexual.

Numa roda de casais de amigos, o jovem marido José explica:

—Resolvemos dormir em quartos separados. Somos um casal livre, sem preconceitos machistas.

—Por quê?, os outros perguntam.

— Porque assim não tenho que aguentar os pés gelados da Maria na parte mais quente e nobre do meu corpo nem Maria tem que suportar meus roncos.

— E se você quiser transar?, um amigo questiona.

— Dou um assobio forte e Maria entra no meu quarto!, responde orgulhosamente José, com ar de quem já superou essa questão.

—Mas e se for o desejo da Maria?, pergunta uma das amigas.

Imediatamente José responde, com a anuência de Maria:

—Ela bate de leve na minha porta, entreabre-a e pergunta: "José, você assobiou?"

IDADE DO CONDOR OU DO PAPAGAIO

O corpo parece enferrujado para tudo – inclusive o sexo – e a pessoa reclama: *estou com dor aqui, com dor ali...* Daí o nome de idade do "com-dor". Tanto cobras quanto polvos padecem do problema. Se estão parados e começam a se movimentar, dói. Se estão sentados e querem levantar-se, dói. Denominada de protocinética, essa dor tende a diminuir e até desaparecer assim que o corpo se movimenta.

Nessa idade, o cobra ainda produz espermatozoides e tem desejo sexual, mas nem sempre consegue manter a ereção. Mais do que praticar sexo, ele *fala* de sexo – surge assim o papagaio.

Quando falar de sexo não é suficiente para realizar o seu desejo, o papagaio pode resgatar o comportamento do macaquinho. Alvoroçado e falante, ele chega a ter atitudes inconvenientes com as polvos em redor. Faz propostas sexuais que na maioria das vezes são rejeitadas, quer "passar a mão" e ficar pegando nelas – quando não tenta se encostar de modo lascivo e libidinoso. "Velho safado" é outro nome pelo qual o papagaio é conhecido.

Embora não admita, ele se masturba mesmo sem ter ereções. Já com o Viagra, que veio em sua salvação, o papagaio consegue ter relações plenamente satisfatórias. Para alguns, o estimulante faz o desempenho sexual ser até melhor do que nos tempos de águia. Quando isso acontece, o papagaio volta a ser águia: realiza-se sexualmente e também torna feliz a companheira, que pode até já ter desistido da vida sexual. E, assim, não precisa mais falar tanto em sexo, muito menos ser um "velho sem-vergonha".

As mulheres também vivem a sua fase de papagaio – um pouco mais tarde, talvez, pois cada vez mais conservam sua exuberância após a menopausa. Não é costume que a mulher fale de sexo em público, muito menos que fique correndo atrás de realizações sexuais. Então como são as papagaios? Observe um passeio da terceira idade (ou da melhor idade, como preferem alguns integrantes dessa faixa etária) e poderá vê-las em ação, cheias de "estrogênio psíquico", alvoroçadas, alvissareiras, falando alto, tirando fotografias com o motorista, o guia turístico, o piloto. Por comportamento tão alegre e entusiasmado, frequentemente elas são chamadas de "velhas assanhadas".

O que faz o homem entrar na idade do papagaio é a aposentadoria, que o torna ocioso. Na mulher, é mais difícil o papagaio aparecer porque polvo não se aposenta nunca. Sempre acha o que fazer ou do que falar.

O rapto

QUERO CONTAR UM caso que aconteceu comigo. É verdadeiro, tenho testemunhas.

Era uma sexta-feira. Como sempre, acordo cedo, lá pelas seis, preparo o café e vou chamar minha filha caçula. Ela de vez em quando demora para despertar, mas eu tenho um jeito legal de acordá-la: sempre faço perguntas difíceis de responder, como *qual é sua terceira aula?* Ela reclama, porém logo se levanta porque, como tem de pensar para responder, o cérebro faz com que acorde.

Nesse dia, seguimos nossa rotina: tomamos café (sempre preparo nosso café, o meu e o dela) e nos preparamos para sair, pois eu lhe dou uma carona até a escola. Só acho estranho que meu filho e minha mulher, que costumam dormir até mais tarde, já se tenham levantado. Estão até se trocando e também vão sair. Pergunto aonde vão. *Ver um carro para comprar.* Em direção à porta, respondo: *mas vocês não me falaram nada de carro...*

Entro no meu carro com a menina, e ele não pega. *Aconteceu alguma coisa*, penso. Depois de algumas tentativas frustradas, peço ao meu filho: *você pode dar uma carona para sua irmã e me levar ao consultório?* Ele concorda. Entramos todos – eu, minha mulher e os dois – e, depois de deixar a menina, passo para o banco da frente.

Quando chegamos perto do consultório, entretanto, o carro se desvia para outra rua e segue na direção da Marginal Pinheiros. *Você esqueceu o caminho? O consultório ficou para trás,* digo, preocupado. *Sei, pai, mas acho melhor o senhor ver o carro com a gente.* Como ainda são 7 horas e meu primeiro compromisso, uma entrevista a um jornalista, é às 7 e meia, concordo, embora fique preocupado com o atraso. *Sexta-feira é dia de trânsito pesado, e não posso me atrasar...*

Pegamos a Marginal e, quando vejo que não dá mais para voltar, resolvo perguntar o que está acontecendo. *Nada, passei da entrada, vou mais para a frente e ali a gente volta.* Ouço uns risinhos às minhas costas, começo a achar tudo meio esquisito...

Só então reparo nas roupas que estou vestindo. Como minha mulher-polvo normalmente escolhe as roupas que uso e as deixa separadas na noite anterior, quando acordo eu nem reparo direito nelas, visto e pronto. Naquele dia eu estava com umas roupas bem bonitinhas. Talvez ela tivesse caprichado por ser sexta-feira... Olho para trás e percebo que ela me encara com um sorrisinho. Olhando melhor, noto que ela está usando botas. Mas para ver um carro precisa usar botas? Tudo isso me deixa inquieto...

E, de fato, só vim a saber do plano no aeroporto – era uma viagem para Buenos Aires. Conseguiram me enganar até chegar lá. Como eu estava trabalhando bastante, minha mulher resolveu tirar umas férias comigo e me raptou. Acabou formando uma confraria de polvos com minha secretária e minhas filhas.

Minha secretária tinha duas agendas: a real, com a minha mulher, e a falsa, comigo. E eu olhando a falsa: *ah, então marca aqui a consulta, ali a entrevista.* A agenda que estava na minha cabeça era a falsa. Minha esposa combinou tudinho com a secretária: mudou a entrevista, mudou as consultas. Fez uma coisa perfeita. E eu viajei e, lógico, me diverti bastante, achei o passeio muito legal.

O mais engraçado foi não ter percebido nada: na quinta-feira à noite estava um rebuliço em casa com os preparativos da viagem. Meu genro foi embora cedo com a minha filha porque não aguenta essas coisas. Se ficasse mais um pouco ia dizer *boa viagem*, e eu poderia desconfiar. Esse meu genro é um cobra.

No prédio do meu consultório tenho um fiel escudeiro, meu zelador, com quem converso todo dia. Ele é fiel mesmo. Por isso também foi enganado... Ninguém disse nada a ele porque acabaria me contando. Enfim, conseguiram esconder de mim um projeto de quase quinze dias. Todo mundo trocando risinhos, e eu, o bobo aqui, nem percebi. Aliás, não percebi nada. E o resultado é que fiquei três dias com minha mulher em Buenos Aires sem nenhuma preocupação.

A grande ironia dessa história é que minha esposa sempre disse que seu maior gosto seria ganhar uma dessas promoções que ocorrem de vez em quando. Adoraria ser surpreendida na rua e receber uma ordem: *você vai viajar agora, do jeito que está, com essa roupa e a bolsa. Vai para onde quiser, com tudo pago, ficar uma semana fora, no país de sua escolha. E só pode dar um telefonema antes de embarcar.*

Esse é o maior sonho dela. Mas olhe só: recentemente, pouco antes de nossa filha caçula viajar para a Austrália, como minha mulher estava cansada e eu meio esgotado também, propus uma viagem de última hora: *vamos sair de férias.* Ela respondeu: *e as crianças? E o Natal? E o Réveillon? E a despedida da nossa filha, que vai viajar e, pela primeira vez, ficar quase dois meses fora sozinha?* Todas as preocupações normais de uma polvo... *E a casa, e a cháca-*

ra, quem vai receber as pessoas? E a cada pergunta eu dizia: *não tem importância, vamos embora.*

Eu jamais poderia bolar um golpe como ela fez comigo para realizar seu sonho porque ela não iria deixar, não iria viajar, ela se prende a coisas como essas. Por fim consegui convencê-la. Estava difícil arrumar passagens, mas afinal viajamos para Nova York. Realmente foi muito bom. No Natal, porém, foi um inferno. Ela queria falar com todos os filhos e não conseguia. Queria falar com o Brasil, queria falar com o Chile, queria falar com a Austrália e não conseguia por causa dos fusos, porque o telefone não funcionava (ela levou um celular que não funcionava)...

Vi como é difícil para um cobra raptar uma polvo. E como é fácil para uma polvo raptar um cobra. A mulher se enrosca de tudo quanto é jeito... Até nas compras. Eu entro na loja, olho, vejo uma coisa legal, compro, pronto. Ela experimenta tudo e vai dizendo: *esse está apertado, mas serve para minha filha. Esse está folgado, serve para a outra filha.* A mulher não se desliga.

Nessa história toda o que achei superlegal é que, quando a polvo quer, consegue coisas do cobra que ele nem sonha, enquanto o cobra dificilmente consegue enganar uma mulher. Afinal, o cobra é uma limitação da polvo, só tem um tentáculo.

A mulher pode até sair e deixar a administração do lar e os filhos, mas a cabeça dela continua lá. Por isso é difícil raptar a polvo e dizer: *você só pode dar um telefonema*. Isso mata a mulher, ela não pode se desligar de seus vários tentáculos. O sonho dela é ser raptada, mas ela mesma não se permite realizar esse sonho porque vai se enroscando nas coisas.

O homem, pelo contrário, só tem um tentáculo, um foco, é mais fácil se desligar. O homem não tem esse tipo de sonho, que ele detesta, pois fura sua programação, mas acaba caindo feito um patinho...

E se for para a felicidade geral da nação, diga à polvo que é bom que ocasionalmente o cobra seja raptado!

O HOMEM (COBRA)

Noite de sexta-feira

Ouve-se o ruído de uma chave arranhando nervosamente a fechadura do lado de fora. Um, dois, três segundos e o homem entra feito ventania pela porta da casa. Ele vem do chopinho semanal com os amigos; apertado, só pensa em correr para o banheiro. Não espere que ele diga *oi, querida,* que pare para saber como foi o dia da família nem que dê um beijo nas crianças. Caminhando com o olhar fixo e a passos largos, comporta-se como a cobra que trava a mira em sua presa e desliza para dar o bote. Vai em frente, com ou sem licença, atropelando filho, cachorro, visita e tudo o que esteja no caminho até seu alvo.

Que aguarde quem quiser falar com o cobra nesse momento crítico, pois a mente dele está concentrada na tarefa de levá-lo ao banheiro. Primeiro, o homem tem de satisfazer as próprias necessidades fisiológicas para então estar disponível para os outros, inclusive os filhos. Há uma remota possibilidade de ele responder a um chamado agora, mas isso o fará interromper sua marcha. Como vimos, andar, conversar e controlar a bexiga são atividades demais para o cérebro do homem-cobra realizar ao mesmo tempo.

DIFERENÇAS NADA SUTIS

Há entre homens e mulheres uma expressiva diferença no que diz respeito ao comprimento da uretra (o canal que liga a bexiga ao mundo externo). O homem, que tem o canal mais longo, tolera menos a vontade de urinar. Não é preciso ser muito observador para perceber que os meninos, quando têm a bexiga cheia, ficam dando pulinhos aflitos. Já as meninas ficam quietinhas, contraídas, as pernas em nó.

Adiar as urgências da natureza é impossível para o homem. Não é que eu queira defender a espécie, mas diante dessa vontade incontrolável pode não dar tempo de levantar o assento – nem talvez de perceber que o vaso está tampado. Por isso é que o homem urina fora do vaso às vezes. Mesmo sendo cuidadoso, ele não consegue evitar que o impacto de seu poderoso jorro contra a louça ocasione respingos, gotículas que, para as mulheres, são do tamanho de poças e deixam o banheiro simplesmente imundo.

SEM A MENOR CERIMÔNIA

É bem diferente o modo como homem e mulher encaram o ato de urinar. Ele adora fazer barulho, espuma e muitas bolhas. O poder de dirigir o jato para onde quiser – acertando o sachê perfumado na borda do vaso, por exemplo – é sua glória. A mulher não, ela disfarça o barulho. Se souber que há alguém por perto, ela abre a torneira, liga o chuveiro, o rádio, o secador de cabelos. Só de imaginar que sua intimidade pode estar sendo ouvida do lado de fora, ela já cora de vergonha.

O homem não faz a menor cerimônia para desaguar ao lado de um estranho no banheiro público. Que cobrinha, afinal, não disputou o troféu de "jato mais longo" ou "melhor pontaria" com outros garotos? As polvinhos detestam essas coisas de moleque, reforçadas nesse ponto de vista pelas mães, tias, avós...

Assim são o homem-cobra e a mulher-polvo em matéria de eliminações líquidas. O que para ela é adiável, íntimo e higiênico, para ele é urgente, público – e tanto faz o momento ou o lugar. De pé, atento ao seu jato urinário, ele faz seu serviço, totalmente desligado do lugar onde está, se num banheiro, no pneu de um carro qualquer (mesmo que seja o dele), atrás de uma árvore...

Espichado no sofá

QUER VER UM cobra feliz? Um domingão frio e garoento é tudo o que ele quer para ficar esparramado no sofá o dia inteiro. Depois de ler os jornais, nada como ver todos os programas esportivos e filmes de ação da TV. Com a barba por fazer, usando seu moletom mais surrado e bebericando uma cervejinha antes do almoço, ele desfruta seu merecido ócio de fim de semana.

Para ela, porém, o domingo não tem nada de relaxante. As crianças estão impossíveis, presas no apartamento e sem nada para fazer. Não há o que pare arrumado em casa. E, só de pensar em encarar a cozinha para fazer o almoço, ela sente calafrios. Então ela tem uma ideia salvadora: vamos todos ao shopping! As crianças vibram com a ideia. Ah, não! Pensa o marido.

Conformado, porém, ele prefere fazer a vontade da família a ter de aturar choros, birras e bicos. É dura a vida de um cobra.

Um domingão na praia

O SOL BRILHA maravilhosamente nesse domingo em que o cobra está com sua esposa e seus dois filhinhos na praia. Ele está de pé, de braços cruzados, varrendo a praia com o olhar e sentindo a brisa no corpo. É uma figura imponente: o senhor da Praia.

Ele ouve a esposa chamar: *benhê, você fica de olho nas crianças para que eu possa fechar os olhos um pouquinho?* Ela fala em tom de súplica, para comover o marido. E ele responde: *Claro, pode deixar, meu bem! Eu olho as crianças!* E, com seu olhar de cobra, fixa os olhos no alvo: as crianças.

Mas a polvo, mesmo tombada, não consegue abrir mão do controle. Vai perguntando ao marido: *onde estão as crianças? O que elas estão fazendo?*

Conforme o modo como o cobra responde – tom de voz, rapidez, precisão das palavras, vacilações ou humor –, ela avalia a situação. Ao mínimo sinal de anormalidade, ela abriria imediatamente os olhos para reassumir o controle de tudo... O cobra responde conforme o esperado e nem percebe que a polvo desconfia de sua capacidade de cuidar das crianças. Ele continua a olhar os filhos como se tivesse um binóculos nos olhos, até que, entre seus olhos e as crianças, passa algo balouçante, um tanto quanto rebolante... Aí o olhar-binóculos muda de alvo. Agora, acompanha instintivamente os movimentos do novo alvo até que ele quase desapareça de vista... De repente o susto: ... e as crianças?

Graças a Deus elas estão quietinhas, fazendo um castelo na areia...

Hora da Fórmula 1

EM CASA, quem assiste a corridas de Fórmula 1 é o cobra, porque polvo gosta mesmo é de novela.

Aliás, cobra adora assistir a tudo o que envolve competição, violência, aventura, adrenalina, testosterona, explosões, perseguições, tiros, sangue, bandido e mocinho. Filmes de ação, corrida de Fórmula 1, luta livre ou boxe, campeonatos e jogos são seus programas prediletos.

Ele vibra com o desafio de chegar ao limite e pôr a vida em risco para conquistar um prêmio – dinheiro, títulos ou uma coroa de louros –, pois ganhar é o que importa. Nenhum cobra disputa um campeonato porque "o que vale é competir". Se ele entra, é para ganhar. E, quando não pode entrar na competição, ele vira torcedor. No fundo, todo torcedor se realiza por meio de seus ídolos. A adrenalina e a endorfina sobem do mesmo jeito.

Voltando à corrida, ela naturalmente interessa ao cobra enquanto seu ídolo está na pista. Agora, se for um torcedor fanático, ele assiste à prova mesmo que o ídolo não esteja correndo. É impressionante como o cobra consegue registrar tudo o que acontece: o tempo gasto no *pit stop*, a cronometragem de cada volta (com tanque cheio ou vazio, com pneus para chuva ou pista seca, com vento favorável ou contrário), o tipo de combustível utilizado, o retardatário que merece ser xingado. É tanta coisa que, para os menos esclarecidos, o cobra pode até parecer uma verdadeira polvo em ação.

Alguns cobras se envolvem tanto que chegam a ficar mais bravos do que os próprios ídolos quando estes têm um acidente, são punidos ou inadmissivelmente sacaneados pelos rivais (ou pelo próprio companheiro de equipe, o que é pior).

O cobra vai ao supermercado

O COBRA ADORA a seção de ferramentas e aparelhos, de faça-você-mesmo, de queijos e bebidas.

Dos produtos de limpeza, ele prefere passar longe, pois detesta comprar o que não conhece – a menos, é claro, que haja alguma coisa em oferta. Ao comprar comida, escolhe o que está mais barato. Não repara na validade, nas calorias, na marca... Fica louco da vida quando não encontra o que procura e prefere não levar os filhos às compras, pois eles atrapalham e ficam pedindo tudo o que ele não quer comprar.

Num grande supermercado, certa vez presenciei uma cena interessante. Com filhos pequenos em volta, um pai empurrava um carrinho lotado de compras até as tampas. Chegando à fila do caixa, ele ficou desesperado com as crianças e perdeu a paciência. Largou o carrinho no corredor e, mesmo sob protestos dos filhos, saiu de mãos vazias do supermercado. Perguntei a uma operadora de caixa se aquela cena era comum. *Não é tão comum,* disse, *mas quando acontece é sempre com homem!*

Recentemente assisti a um comercial de televisão premiado no Festival de Cannes. Um *single,* com o filho de uns 5 anos, faz compras num supermercado. Quando passam na frente das batatas fritas, o menino põe um saquinho no carrinho de compras. O pai devolve o saquinho à prateleira. O filho fica bravo, pega outros dois e, olhando ferozmente para o pai, joga-os dentro do carrinho. O pai calmamente devolve os saquinhos, mas o filho começa a atirar no chão tudo o que o pai já tinha colocado no carrinho e a seguir se joga no chão e fica esperneando. Atônito, o pai nota que todo mundo está olhando para ele. Faz-se um *close* no rosto paralisado do pai e então vem o comercial: *Ah! Se tivesse usado camisinha...*

Isso significa que para o cobra o que interessa é eliminar o "mal pela raiz"... As polvos não acham muita graça nesse comercial.

Cobra *single*, com ou sem filhos

POR DIVERSOS MOTIVOS, muitos cobras escolhem levar uma vida solitária: ou porque perderam a esperança de um relacionamento afetivo e sexual harmonioso, ou por julgar que esse é um estilo de vida mais prazeroso (sem responsabilidades nem compromissos), ou simplesmente porque têm dificuldades de relacionamento. Esses solitários, solteiros, descasados, únicos são os *singles*.

Na população masculina de *singles*, temos de distinguir dois grupos: o dos cobras "antigos", que mantêm seus costumes jurássicos, e o dos cobras "informatizados", mais modernos e atualizados.

UM FLAT BEM EQUIPADO

Os cobras antigos gostam de morar em *flats*, pois têm uma eficiente estrutura que mantém tudo limpo e arrumado, serviços de recepção e garagista. O *flat* geralmente tem um frigobar que ele enche de cervejas, vodca, *ice tea* e água, mas nada de *tupperware*, muito menos restos de comida. Tem também um forno de micro-ondas para esquentar alguma coisa e uma cafeteira, equipamentos que ele mais põe em uso quando há visitas do que para si próprio. Quadros discretos e uma televisão-padrão dão o toque final à decoração impessoal de um *flat* para *singles*.

Os cobras informatizados procuram equipar o *flat* para satisfazer caprichos pessoais. Podem arrumar um fogãozinho para preparar pratos rápidos, comprar louça e talheres sofisticados. Com fotos, quadros e objetos de seu gosto, deixam o lugar mais personalizado. Eles fazem compras em lojas especializadas, onde encontram porções individuais de congelados, saladas, sobremesas etc. O frigobar deles tem ovos, laticínios e até comida! Esses *singles* se viram tão bem que acabam alugando ou mesmo comprando um apartamento para morar, onde podem receber os filhos para dormir, comer; fazer lição de casa. E, mesmo com todas essas "aquisições", eles continuam funcionando como cobras.

PAPAI COBRA LEVA OS FILHOS AO RESTAURANTE

O cobra, em geral, recebe as crianças já vestidas. Portanto, vamos pular essa parte. Não só porque elas já estão vestidas mas também porque o cobra não liga para roupa. Afinal, eles vão ao restaurante para comer, não para desfilar... Esperar para comer também não é muito do seu feitio. Se as crianças comem tudo o que é aperitivo e depois ficam horas escolhendo o prato, logo ouvem a ameaça de um *pit bull* rosnando com dentes à mostra: ou escolhem ou vão comer o que vier, e ponto final. O cobra fala pouco, mas, quando fala, fica um clima tão constrangedor que só falta as crianças pedirem a presença da mãe-polvo para completar o fracasso do almoço.

O cobra costuma comer em silêncio e depressa (é para que outro não lhe tome a antropológica caça, isto é, a comida...). Prefere que o filho não perca tempo agitando um garfo com alguma comida espetada enquanto cutuca o irmão. Se é para conversar, que conversem sobre assuntos interessantes, como barcos, carros e motores em geral, e não fiquem se desgastando com provocações mútuas e assuntos que não levam a nada... Almoçar com o cobra é assim: comer rápido e falar logo o que há para falar. Ficar de gracinha, conversa mole e etiqueta é pura perda de tempo.

O cobra (não) vai às compras

NADA DEIXA um cobra tão constrangido quanto essa mania que mulher tem de entrar numa loja, experimentar tudo e sair sem comprar nada. Não há cobra que goste de acompanhar mulher às compras. Mas quando isso é inevitável ele fica lá, tomando cafezinhos, impaciente e emburrado. Imagine se ele tem a cara-de-pau de mandar as prateleiras virem abaixo e sair de mãos vazias! Agora, quando ele decide fazer compras, é para renovar o guarda-roupa inteiro de uma só vez – e não ter o trabalho de comprar nada por um bom tempo. O homem não entende por que a mulher recusa uma roupa de caimento perfeito só porque não se sentiu bem nela. E pensa consigo: *como fui cair nessa de fazer compras? Sou uma besta mesmo!*

Até que enfim a mulher resolve ir embora da loja. E sem comprar um alfinete. *Imagine passear no shopping e não fazer umas comprinhas de nada,* ela protesta. Ele a olha com ar de perplexidade. Para ele, passeio é passeio e compras são compras. Definitivamente, não dá para entender as mulheres.

CONVERSAS

A MULHER (POLVO)

A polvo não relaxa nunca!

Quando é que a polvo vai ao banheiro fazer seus "serviços sólidos"? Quando ela se permitir, isto é, quando seus tantos afazeres permitirem... Se as crianças estiverem brincando e ela não tiver nenhum compromisso, vai sorrateiramente ao banheiro na ponta dos pés como se fosse fazer algo errado. Entra no banheiro, tranca a porta e senta-se. E espera... E espera... E espera... Nada de o intestino funcionar. Mas ela insiste. De dez dias não passa! Hoje tem que funcionar de qualquer jeito, custe o que custar. E ela põe força no baixo ventre. Até solta uns gemidos de esforço, mas nada... Faz as unhas e nada... Folheia uma revista e nada... Fuma um cigarro e nada... O intestino não acredita mais nela. De tanto a polvo insistir, o intestino se prepara: *desta vez é sério... Vou ter que trabalhar!* E começam as primeiras movimentações...

Mas eis que as crianças descobrem a porta do banheiro fechada. Largam tudo e voam contra ela aos gritos, dando socos e pontapés como se estivessem morrendo... A polvo logo imagina que *aconteceu alguma coisa muito grave com as crianças* e fecha toda a fisiologia intestinal para abrir, desesperada, a porta... E lá estão as crianças, inteirinhas, sem entender a razão de tamanho desespero da polvo.

Talvez fosse esse um dos únicos momentos em que a polvo pudesse usar alguns de seus tentáculos para trucidar aqueles diabinhos, que nem deixam o intestino trabalhar... Depois, resta-lhe negociar com os próprios intestinos. *Quer fruta?*, alguém pergunta. *Não, obrigada. Tenho aqui ameixa preta*, responde a polvo, pondo-se resignadamente a comê-la pensando: *tomara que esta me ajude na próxima tentativa...*

Quer chiclete?, oferece outra pessoa. *Não, obrigada! Vou comer este fibrax*, ela responde, tirando o pacotinho da bolsa e mastigando, conformada, as fibras. A polvo comeria até um pedaço de madeira compensada se adiantasse. Fibras são boas para fazer o intestino funcionar. Nessas horas, como ela gostaria de ser como seu marido-cobra! De manhã, logo que ele se levanta, o intestino já funciona. Que maravilha! Admira-se ela com inveja.

Caso a polvo fosse menos onipotente e onipresente na vida dos filhos, dando espaço ao cobra para focar sua atenção na educação das crianças, talvez não ficasse suspirando pelos cantos: *ah! Como adoraria que um dia, pelo menos um dia, meu intestino funcionasse...*

Para qualquer um, é fácil concluir: se nem os próprios intestinos levam a polvo a sério, seriam as pessoas em volta que iriam levar?

Levando os anjinhos à praia

QUANDO UMA POLVO vai com os filhos à praia, logo ao chegarem, ela tem de lançar seus tentáculos para segurar as crianças afoitas, que quase já entravam na água. Ela sabe que, em primeiro lugar, é preciso protegê-los do sol. Assim, lambuza de protetor solar os inquietos corpinhos, coroando-os com um bonezinho, tal qual uma cereja sobre o sorvete... A polvo aproveita e passa protetor também no cobra. E só então, finalmente passa nela mesma, nas partes do corpo que consegue alcançar. Depois, pede a ele – que está arrumando o território onde a família vai ficar – que lhe passe loção em suas costas.

Os filhinhos correm para o mar. A polvo os segue com o olhar, pois sabe que criança e água não combinam: uma engole a outra, e vice-versa, sempre. Se ela pudesse, estenderia os seus tentáculos para evitar todos os perigos que ameaçam sorrateira ou ostensivamente seus amados filhinhos. Bloquearia as ondas maiores, diminuiria a intensidade do sol, afastaria as pessoas indesejáveis, aqueceria a água, impediria que um filho jogasse água no outro, provocaria a união entre os dois, faria com que se dessem as mãos para proteger um ao outro – e, assim, aproveitassem o memorável passeio, registrando para sempre que tiveram uma infância feliz. Ela própria nunca foi à praia quando criança, o que lhe aperta o coração até hoje.

A polvo não descuida dos filhotes um segundo sequer, nem para piscar.

AS CRIANÇAS SUMIRAM!
A polvo deixou o cobra tomando conta das crianças um minutinho, mas... Mas onde elas estão que ele não as encontra? Sumiram... As danadas sumiram!

Pânico geral. A polvo levanta-se como se uma mola a empurrasse e sai correndo em direção ao mar, desesperada. O mar engoliu os filhinhos dela, com certeza! Será que alguém os raptou? Seria um sequestro? Ela grita com o marido: *faça alguma coisa!*

Mas eis que as crianças estão sentadinhas na areia fazendo buracos. A polvo as abraça como se elas estivessem afogadas e Deus as tivesse devolvido, tamanha a sua devoção... Passado o susto, ela não sossega: um dos seus tentáculos vai enforcar aquele pai desnaturado. Onde já se viu perder os filhos? Nem para olhar os próprios filhos ele serve, aquele folgado...

As crianças continuam felizes, brincando e vivendo a pura inocência de não saber dos grandes perigos que passaram pela mente da mãe, de cujos olhos brotam lágrimas de ternura, agora indiferentes ao sol abrasador...

A polvo vai às compras!

A POLVO SAI para fazer compras no shopping com o filho e a filha. Como conhece muito bem suas crianças, antes mesmo de sair de casa ela explica: *para que vocês não fiquem me enchendo, vou comprar um brinquedo para cada um. Para você, filho, no máximo dois!* As crianças concordam plenamente com a mãe, porém o filho pensa consigo: *como é bom ser birrento. Não fiz nada e já consegui dois brinquedos. Estou no lucro. Como a minha irmã é bobinha! Bem feito, vai ganhar só um brinquedo, unzinho!*

Com a promessa de comprar os brinquedos no final do passeio, a polvo consegue um pouco de tranquilidade para fazer suas compras. As crianças andam atrás dela como o burrinho que segue a cenoura amarrada na ponta de uma vara; elas não veem a hora de abocanhar seus brinquedos. Com essa analogia, não pretendo sugerir que as crianças sejam burrinhas, pois o máximo que a polvo pode admitir é que seus lindos e amados filhinhos sejam vistos como "potrinhos indomáveis". Mas, sem usar a tática da cenoura, como a mãe poderia aguentar os insistentes, irritantes e inadequados pedidos (leia-se "exigências") dos filhos que já ganharam seus brinquedos? Eles não teriam nada a perder e poderiam tiranizar a mãe...

Finalmente, as crianças chegam ao seu paraíso: a loja de brinquedos. A polvinho, que já havia escolhido o presente, festeja a sua boneca Barbie com novo armário completo e agradece à mamãe com um gostoso abraço. Fazendo valer a máxima *criança feliz é criança sossegada,* a menina se aquieta e sua presença passa a nem ser notada.

DOMANDO UM COBRINHA

O cobrinha, que ainda não escolheu seu presente, aponta tudo o que quer. Estimulados pela visão de tantos brinquedos, os desejos dele ficam cada vez maiores. A mãe já esperava por isso, mas haja paciência! Dez brinquedos é demais até para a polvo! *Quero porque quero,* embirra o menino. Ele grita, sapateia, tapa os ouvidos com as mãos e faz cenas até bizarras para convencer a mãe de que irá morrer se não tiver aquele brinquedo, o que ele *mais queria no mundo* (o equivalente ao *maior sonho de sua vida*). A intenção do filho é de mover a mãe da mesquinha e insignificante ideia de não comprar o que ele quer. Para isso, usa sua "arma secreta": ridiculariza a mãe em público, transformando-a numa neurótica e psicótica.

É importante saber que a criança faz birra porque, em geral, o brinquedo vai para o carrinho ou para a mãe carregar, ou seja, ela fica de mãos vazias, prontinhas para apontar o próximo brinquedo. Dessa maneira as crianças têm satisfação em comprar, mas não em usufruir o que compram. Assim, sofrem pelo que não têm e não valorizam o que têm. O consumismo é a vitória do capitalismo!

O QUE É A BIRRA

Birra é um recurso usado para tirar do outro aquilo que ele não quer dar. Tem sabor de vitória para o birrento, mas é tremendamente desagradável para a vítima. A birra só permanece porque dá resultados, isto é, a vítima acaba consentindo em ser explorada.

Assim, quem alimenta a birra é a vítima. Mas a polvo não fica parada numa situação dessas e põe todos os seus tentáculos em ação. Um deles quer resolver o impasse, outro deseja preservar as aparências e mostrar ao mundo como o filho é educado, o terceiro repara nos transeuntes, o quarto indaga o que estariam pensando sobre o seu filho (ou até sobre ela mesma), o quinto quer descarregar o ódio pela má-criação do seu queridinho... São tantas as funções e tão alto o nível de tensão que esse é um dos raríssimos momentos na vida em que a polvo se perde e é atacada pela neurose: quem faz o show é o birrento, mas quem passa vergonha e fica ruborizada é a mãe!

O equilíbrio dela é perturbado por uma visível psicose, que a leva a adotar dois comportamentos totalmente diferentes ao mesmo tempo. Para o filho, ela fala baixo, com os dentes cerrados, quase rosnando: *para com isso! Em casa, você vai ver só!* Voltando-se para a plateia, a polvo age como se não tivesse dito nada, disfarçando com a maior naturalidade.

Amor e ódio são duas forças de imensa carga emocional que, quando dirigidas para uma única pessoa, se anulam. A polvo fica "passada" porque o birrento continua executando o seu plano de liquidar com a resistência da mãe, ou melhor, de liquidar a própria mãe. Ela acaba cedendo, demonstrando que tudo o que tentou não deu certo, e o cobrinha birrento vence outra vez!

EXISTE UMA SOLUÇÃO

Eu me arrisco a sugerir à polvo uma saída: *o método do chacoalhão*. Veja: crianças foram feitas para ser sacudidas. Os músculos do pescoço são frágeis em relação ao peso da cabeça e, portanto, com qualquer sacudida no braço a cabeça chacoalha. A mãe deve pegar o bracinho do birrento, apertá-lo com firmeza e, enquanto o sacode, dizer em alto e bom som: *Para com isso, seu malandro!* para que todos – transeuntes, curiosos e vendedores – ouçam. Assim fica clara a ordem que a mãe estabelece, retomando o controle da situação.

O que o birrento queria era expor a mãe, fazendo-a passar pelo ridículo, mas com essa cena de uma criança balançando a cabeça sem controle quem passa pelo ridículo é o birrento, porque todas as atenções se voltam agora para ele. Assim ele sai do transe da birra.

Como os detalhes do método do chacoalhão são importantes, vou sugerir, passo a passo (veja itens adiante), o que a mãe-polvo pode fazer para ter êxito nessa nova empreitada de sua vida.

O MÉTODO DO CHACOALHÃO

1. Pague a despesa, fazendo de conta que o birrento não é pessoa conhecida.
2. Pegue firme o bracinho do birrento, que deve estar com os pés apoiados no chão.
3. Se possível, olhe no fundo dos olhos dele (o birrento evita encarar a vítima).
4. Sacuda-o firmemente ao mesmo tempo que grita *Para com isso*! para que todos (transeuntes e vendedores) ouçam claramente. As chacoalhadas devem acabar com os gritos. De cinco a sete sacudidas é suficiente: mais do que isso pode cansar a própria vítima da birra.
5. Largue o braço do birrento, vire as costas e saia rapidamente do local. Com isso, a vítima anula a força do birrento, que precisa do olhar dela para sustentar a birra. Nunca vi um birrento insistir depois que sua vítima foi embora, muito menos escolher um transeunte qualquer para aplicar a birra. A propósito, é recomendável sair depressa da cena para não correr o risco de ter as nádegas mordidas pelo birrento.

Recatos de menina

CERTOS RECATOS femininos são difíceis de entender. Mesmo fechada no reservado do banheiro, a polvo não se acanha em conversar alto com as amigas. Mas morre de vergonha de soltar um mísero "punzinho". O cobra não se acanha de soltar sonoros avisos gasosos de que os sólidos estão chegando. Mas a polvo, que tanto fala, mesmo fechada no reservado, morre de vergonha de fazer "pum". Até para soltar uns "punzinhos" ela se atrapalha toda...

A polvo diante da TV

NÃO É PRECISO ser muito perspicaz para perceber como novela e polvo foram feitas uma para a outra. Naquele momento dramático em que o personagem vai dizer o que todo mundo espera ouvir, a cena congela. Imediatamente, um dos tentáculos da polvo congela também e é capaz de ficar dias aguardando a sequência da cena. Quando enfim aquela situação retorna à tela, o tentáculo descongela e continua a vibrar com o personagem. E assim a polvo acompanha a novela: congelando e descongelando seus tentáculos. São tantas emoções e atenções com a história que os tentáculos parecem insuficientes para resolver os problemas da vida real. Mas isso não tem a menor importância, pois ela usa seu jeitinho de polvo e o problema desaparece.

E por que polvo não se interessa por corrida de Fórmula 1? Entre os vários motivos, destaco os seguintes:

- Não se vê a cara do piloto.
- Para a polvo o que mais importa é o relacionamento e não a competição.
- Essa história de corrida contra o relógio não faz sentido. O tempo, para a polvo, é totalmente subjetivo. É por isso que ela pode ficar horas fazendo compras ou falando ao telefone, mas não tem paciência de parar para abastecer o carro.
- Como ela pode torcer para alguém se todos os carros são praticamente iguais?
- Acompanhar sessenta voltas na mesma pista? É muito monótono...
- O ronco dos motores atrapalha as conversas.
- Ela gosta mesmo é de novela.

Novelas foram feitas para polvos – ou será que elas se tornaram polvos por causa das novelas? Polvos adoram finais de novelas. Todos os tentáculos entram em ação com os amores que se concretizam, os ódios que se matam; todos se abraçam, coram, confessam tudo e recebem o perdão geral. É a dança dos tentáculos.

Depois da separação

MESMO QUANDO se separam, as polvos têm dentro de si o esquema referencial da vida familiar. Preferem um apartamento a um *flat* e tornam o seu ninho muito pessoal, com fotos, quadros, enfeites, arranjos, toalhas americanas, talheres, copos, panelas, roupas de cama, flores e quadro de lembretes etc. Isso sem falar no banheiro, com diversos tipos de xampu, hidratantes, cremes, sabonetes especiais e produtos de maquiagem, tudo para tornar-se mais elas, mais atraentes... Como seria possível organizar tudo isso num *flat*, com as arrumadeiras a bagunçar seus pertences?

Se a polvo tiver filhos, é claro que ela não vai morar sozinha. Fica com eles mesmo que tenha de brigar na Justiça. Se os filhos forem pequenos, então, ela pode morrer, mas não os larga. Nesse caso, talvez volte a morar com os pais, pois precisa trabalhar e eles, além de ajudar a cuidar das crianças, ajudam também a sustentá-las, salvando a vida de todos...

Lista de compras

QUANDO VAI FAZER compras, a polvo geralmente leva uma lista. Ela compara o preço dos artigos, as diferentes calorias dos produtos *light,* verifica a validade e a marca. Presta atenção em detalhes que parecem não existir para o cobra. Se a polvo não encontra o que procura, compra um substituto ou alternativo mesmo que seja para testar. Adora experimentar produtos e não se importa em pedir ajuda aos funcionários. É comum vê-la trocando receitas com outras freguesas na frente de uma prateleira ou na fila do caixa. Para ela, levar os filhos às compras não é problema, pois consegue distraí-los e fazer da ocasião um passeio.

Por essas diferenças é que, quando casados, polvo e cobra com frequência acabam brigando por causa do supermercado. Se ele faz a compra sozinho, ela reclama porque ele não verificou a validade, comprou marca diferente, não trouxe todos os produtos da lista, e por aí vai. Se vão juntos, o programa pode facilmente acabar em brigas, birras e trombas.

Orgulho da mamãe

É NO RESTAURANTE que a educação aparece. Não há mãe que se orgulhe de um filho mal-educado à mesa. No máximo, pode fingir que não liga. Mas liga, liga e muito!

Num restaurante com os filhos pequenos, a mãe *single* põe todos os tentáculos a serviço do comer bem e bonito. A preparação para o almoço começa em casa, quando ela tem de vestir as crianças para sair. Algumas são cordatas; outras, rebeldes, dão o contra em tudo, chegando ao ponto de dizer que nem estão com fome. Para cada situação, um tentáculo. A polvo consegue resolver tudo e lá se vão todos para o restaurante. Lá chegando, ela fala sobre tudo e todos, pergunta, comenta, orienta, impõe, proíbe, nega, consente, leva ao banheiro o mais apertado, pede e até suplica que não briguem...

Se ela estivesse sendo filmada, veríamos quantas coisas faz ao mesmo tempo – e, o que é incrível, continua conversando. Ajuda o primeiro a cortar a carne e limpa a boca do segundo enquanto empurra o cotovelo do terceiro para fora da mesa... Não é à toa que a polvo está totalmente exaurida após essa tarefa de Hércules.

RESPOSTAS PARA O QUE VOCÊ QUER SABER

Fala

1. *Por que as mulheres falam mais que os homens?*

Na mulher, a região cerebral responsável pela fala é mais ativa que no homem. Isso é comprovado pelo exame de ressonância magnética do cérebro. Por ter mais capacidade de falar do que o homem, a mulher acaba usando integralmente essa capacidade e falando mais mesmo.

2. *Por que as mulheres, quando chegam em casa depois do trabalho, ainda querem conversar?*

Elas produzem de 6 a 8 mil palavras por dia, enquanto os homens produzem de 2 a 4 mil palavras. Eles, ao chegar em casa, tendem a ficar mais quietos porque já falaram o suficiente e precisam recuperar-se, enquanto as mulheres ainda têm muitas palavras para dizer. Em consequência disso, no final de um dia de trabalho, o casal entra em conflito: ele quer ficar quieto e ela quer falar.

3. *Qual é a função da fala no homem e na mulher?*

Os homens falam para comunicar fatos, enquanto as mulheres falam para se relacionar. Agora, é bom fazer dois esclarecimentos que evitam brigas. Primeiro: quando a mulher pergunta ao homem se ele não tem o que dizer, está querendo se relacionar, e não fazendo cobranças. Complicado, não? Segundo: quando um homem está calado, isso não significa que não queira se relacionar, mas apenas que quer ficar calado. Simples, não?

Audição

4. *Por que o homem estressado pede para a mulher "calar a boca"?*

Homem estressado quer silêncio. Ele precisa se concentrar na solução de seus problemas, e falar só aumenta o estresse. Nesse momento, qualquer estímulo externo – principalmente uma mulher a chicoteá-lo com palavras – atrapalha a concentração do homem. Mesmo que ele diga algo como *cale a boca, sua matraca!*, isso não significa que deseja brigar, mas apenas que quer silêncio em volta. É só a mulher imaginar que o homem está com a arma apontada para uma importante caça ao mesmo tempo que um papagaio, pendurado na orelha dele, insiste em lhe falar e pedir que responda... É briga na certa! Depois que ele "abate" o problema, aí, sim, volta a ouvir.

5. *Por que a mulher estressada precisa falar mesmo que não seja ouvida?*

A mulher se alivia do estresse conforme deixa as palavras saírem pela boca. É como se ela precisasse descarregar as palavras, evitando que se acumulem na mente e acabem causando uma explosão. Uma mulher estressada precisa falar mesmo que aparentemente não seja ouvida. É isso que o homem não entende: como a mulher confidencia um problema para a amiga, e esta, em vez de lhe responder, a interrompe e conta o seu próprio problema? Parece que uma não ouviu a outra, mas mesmo assim as duas ficam aliviadas... Quando se abre com um amigo sobre algum problema, o homem se comunica de forma ordenada. Ele pergunta o que o amigo acha do problema e ouve a resposta em silêncio.

6. *Por que o homem não escuta quando está fazendo alguma coisa?*

Porque desenvolveu seu cérebro para atingir alvos móveis, isto é, caçar. A precisão para atingir a presa exige alto grau de concentração. Em compensação, enquanto o homem está concentrado, suas outras capacidades ficam fora do ar. Se ele está lendo, não consegue ouvir. Se está ouvindo, não consegue ler. Sua hiperconcentração é consequência do hiperdesenvolvimento do ato de focalizar, atingir e abater sua caça. É como se ele formasse uma espécie de túnel entre seus olhos e a caça, eliminando os demais estímulos em redor. Assim, sua capacidade visual-espacial é mais desenvolvida que a das mulheres.

7. *Será que, para o relacionamento dar certo, a mulher tem de ficar falando enquanto o homem finge que escuta?*

Se é tão difícil para o homem ouvir alguém quando precisa de silêncio, uma alternativa para a mulher é conversar com outra pessoa enquanto o marido está recolhido em sua "caverna". Ela pode ligar para uma amiga e compartilhar seus problemas, por exemplo. Ele medita e se refaz no silêncio, ela se alivia soltando a língua. Depois de meia hora, ambos estarão ótimos e poderão se dar bem...

Visão

8. *Por que o homem não sabe olhar disfarçadamente?*

Porque a visão dele focaliza direta e rapidamente o objeto de sua atenção. É o que chamo de olhar em tubo. Quando sou reconhecido por uma mulher num restaurante, por exemplo, percebo que ela disfarça que me viu e sussurra algo ao companheiro. É fácil descobrir que ela deve ter dito algo como *benzinho, olha quem está aí, disfarça e dá uma espiadinha...* porque ele vira imediatamente a cabeça, me olha nos olhos e depois continua procurando o garçom, que geralmente está do outro lado do restaurante. Denunciada pela reação do marido, a mulher chega a corar, confirmando que meu palpite está correto.

9. *Por que a mulher enxerga sem olhar diretamente?*

Porque tem a visão periférica desenvolvida, muito mais ampla e eficiente que a do homem. A mulher pode ficar falando meia hora sobre tudo o que viu num bater de olhos. O homem que se cuide com essa visão periférica feminina, pois quando olha em tubo para alguém a esposa percebe imediatamente o que está acontecendo e, sem desviar o olhar, sabe até quem está no foco de atenção dele. E ele nem se toca que ela percebeu tudo...

Olfato

10. *Por que o homem não se importa de soltar "puns"?*

Em geral os homens reconhecem que soltam "puns" diariamente e se divertem com isso. Os meninos chegam a classificar seus gases intestinais pelo som, duração e odor. Alguns representantes do gênero masculino tentam até transformar o "pum" num poderoso lança-chamas. Quando eu morava numa república de estudantes, um colega nosso costumava chamar a turma para presenciar a queima de seu "pum". Ele se colocava na ridícula posição de frango assado, com um isqueiro aceso bem perto da saída do gás, e ficávamos todos impressionadíssimos com seu lança-chamas, que atingia quase um metro de comprimento... O "pum" exala gás sulfídrico, que, em contato com a chama, queima e se transforma em ácido sulfúrico, que não tem mau cheiro. É por isso que, para acabar com o mau cheiro deixado pelo "pum", basta acender um palito de fósforo por perto...

11. *Por que para a mulher soltar um "pum" é um drama social?*

Se produzir e eliminar gases é algo determinado pelos cromossomos, o "como somos" feminino considera isso uma tremenda falta de educação. O pudor feminino dava à minha turma, quando eu era rapaz, motivos para fazer uma tremenda gozação. Quando estávamos num elevador e havia uma mulher por perto, um de nós soltava um "pum" e todos passavam a dirigir olhares condenatórios à vítima. Ela se ruborizava de vergonha e simplesmente evaporava quando a porta do elevador se abria.

Tato

12. *Por que a mulher fica tocando, acariciando e abraçando o homem, mas não quer fazer sexo?*

Porque tocar, acariciar e abraçar faz parte das manifestações afetivas da mulher. Desde crianças elas se abraçam entre si, ficam de mãos dadas, dão beijinhos enquanto brincam, passeiam, ao chegar à escola e ao despedir-se... Para elas, tal comportamento é natural, desprovido de conteúdo sexual. Elas estendem esse comportamento aos menininhos com quem se sentem bem. Se não se encostam neles, é porque algo não vai bem.

Quando brincam de casinha, elas são quase autossuficientes, isto é, não dependem dos menininhos, pois uma delas faz o papel de pai se for necessário. Mas quando algum menininho insiste em participar da brincadeira, elas lhe atribuem o papel de pai. Então a "mãezinha" lhe dá um beijinho no rosto ou até mesmo um "selinho" rápido dizendo: *pronto! Agora você vai trabalhar enquanto nós ficamos em casa.* E, para continuar brincando, ele tem de sair de verdade para trabalhar.

Na puberdade e na adolescência, as garotas continuam demonstrando afeto aos pais. A mãe as aceita muito bem, mas o pai-cobra já se sente pouco à vontade ao abraçar, acariciar e beijar a púbere, principalmente quando o corpo dela começa a tomar forma de mulher. E ele pode passar a evitar essas demonstrações pedindo modos e compostura, pois ela já está "ficando mocinha"...

Adultas, elas continuam como sempre foram com as amigas. Seriam assim também com os homens caso eles aceitassem com naturalidade as demonstrações de afeto. Mas, dizem as polvos, *eles só pensam naquilo*.

É assim que as polvos entendem os toques do cobra: *ele está gostando de mim*...

13. *Por que o homem só toca, acaricia e abraça a mulher quando está a fim de fazer sexo?*

Homens preferem abraços fortes, de supetão, com barulhentos tapas nas costas para mostrar sua máscula energia e força. Nada de demonstrações mais suaves e sutis como beijinhos, mãos dadas ou coisas assim, que podem macular sua virilidade. É comum os meninos, os jovens e até alguns adultos socarem os amigos como manifestação de carinho ao se encontrar e ao se despedir. Parece permanecer entre eles o antigo ritual primata de mostrar quem é o mais hábil e forte, quem grita mais alto etc.

Os meninos, quando encontram os amiguinhos, já saem correndo, sem precisar de aquecimento. Para que perder tempo com apertos de mão? Um pouco mais crescidinhos, nem beijinhos eles querem receber mais das tias afetuosas. Já nascem cobrinhas.

Na puberdade e na adolescência, com a sexualidade à flor da pele, não é à toa que detestam manifestações afetivas de mães, tias e avós, que insistem em *ficar pegando e beijando*. Afastam-se delas para evitar constrangimentos, alguma ereção involuntária. Os toques, carinhos, abraços e beijos têm destino certo para os cobras: a satisfação sexual. Senão, para que tudo isso?

É assim que os cobras entendem os toques da polvo: *se ela tocou, quer transar.*

CONVERSAS

UM FINAL FELIZ

É DA NATUREZA do homem e da mulher ter comportamentos distintos. Isso não significa, porém, que ambos tenham de se conformar com os desencontros e conflitos que essas diferenças causam nem que estejam fadados a passar o resto da vida acumulando queixas e mágoas pelo que o parceiro fez ou deixou de fazer, disse ou deixou de dizer.

O homem e a mulher não são obrigados a seguir o que seus cromossomos ditam. Como seres inteligentes, ao reconhecer um comportamento jurássico, podem decidir mudá-lo. Se você já passou por situações parecidas com as vividas pela polvo e pelo cobra em nossas histórias ou identificou como seu algum comportamento desses protagonistas, talvez agora encare essas diferenças de outra forma. Afinal o riso, além de aliviar a dor, faz pensar. Depois de ler este livro, sinto que você vai reconhecer com mais facilidade seus comportamentos jurássicos e os de seu parceiro.

A polvo costuma se sobrecarregar de afazeres e depois diz que o cobra não a ajuda! Pense nisto: muitas vezes ele não tem a mínima chance de ajudar ou, quando tem, talvez não se saia tão bem e enfrente a reprovação da polvo: você não sabe fazer nada direito mesmo... É claro que, com um estímulo desses, ele nunca mais vai tentar.

O cobra também poderia alargar um pouco a sua visão em tubo e abrir os olhos para o que acontece em volta. Talvez com isso percebesse melhor as necessidades da polvo. Peço aos homens que sejam perseverantes em sua disposição de ajudar, pois as polvos são centralizadoras e acabam mesmo ocupando todos os espaços com seus tentáculos.

Gostaria de deixar a seguinte sugestão para as mulheres: quando perceberem que os homens estão agindo como cobra, lembrem isso a eles: você está funcionando como cobra! Vê se vira gente... E, quando os homens sentirem que a mulher está tomando conta de tudo, mostrem isso a elas: lá vem a polvo! Vira gente, vai... É importante falar, senão o outro nunca vai perceber a maneira como está agindo.

Acima do lado polvo e do lado cobra, o ser humano tem uma alma que anseia pela união prazerosa, harmoniosa e plena. Tem a capacidade de transformar-se e escrever uma nova história todos os dias. Uma história com final feliz.

SOBRE IÇAMI TIBA

Filiação: Yuki Tiba e Kikue Tiba.
Nascimento: 15 de março de 1941, em Tapiraí, SP.

1968. Formação: médico pela Faculdade de Medicina da USP.
1970. Especialização: psiquiatra pelo Hospital das Clínicas da FMUSP.
1970-2008. Psicoterapeuta de adolescentes e consultor de famílias em clínica particular.
1971-77. Psiquiatra-assistente no Departamento de Neuropsiquiatria do Hospital das Clínicas da FMUSP.
1975. Especialização em Psicodrama pela Sociedade de Psicodrama de São Paulo.
1977. Graduação: professor-supervisor de Psicodrama de Adolescentes pela Federação Brasileira de Psicodrama.
1977-78. Presidente da Federação Brasileira de Psicodrama.
1977-92. Professor de Psicodrama de Adolescentes no Instituto Sedes Sapientiae, em São Paulo.

1978.	Presidente do I Congresso Brasileiro de Psicodrama.
1987-89.	Colunista da TV Record no programa *A mulher dá o recado*.
1989-90.	Colunista da TV Bandeirantes no programa *Dia a dia*.
1991-94.	Coordenador do Grupo de Prevenção às Drogas do Colégio Bandeirantes.
1995-2008.	Membro da equipe técnica da Associação Parceria Contra as Drogas (APCD).
1997-2006.	Membro eleito do *Board of Directors* da International Association of Group Psychotherapy.
2000.	Apresentador do programa semanal *Caminhos da educação*, na Rede Vida de Televisão.
2001-02.	Radialista, com o programa semanal *Papo aberto com Tiba* na Rádio FM Mundial (95,7 MHz).
2003-09.	Conselheiro do Instituto Nacional de Capacitação e Educação para o Trabalho "Via de Acesso".
2005-09.	Apresentador e Psiquiatra do programa semanal *Quem Ama, Educa!*, na Rede Vida de Televisão.

- Professor de diversos cursos e *workshops* no Brasil e no exterior.

- Frequentes participações em programas de televisão e rádio.

- Inúmeras entrevistas à imprensa escrita e falada, leiga e especializada.

- Patrono da Livraria Siciliano do Shopping Pátio Brasil (Brasília).

- Mais de **3.300 palestras** proferidas para empresas nacionais e multinacionais, escolas, associações, condomínios, instituições etc., no Brasil e no exterior.

- Mais de **76.000 atendimentos psicoterápicos** a adolescentes e suas famílias, em clínica particular.

- Criou a Teoria Integração Relacional, na qual se baseiam suas consultas, *workshops,* palestras, livros e vídeos.

■ Tem 22 livros publicados. Ao todo, seus livros já venderam mais de **2.000.000 de exemplares**.

1 *Sexo e Adolescência*. 10 ed. São Paulo: Ática, 1985.
2 *Puberdade e Adolescência*: desenvolvimento biopsicossocial. 6 ed. São Paulo: Ágora, 1986.
3 *Saiba Mais sobre Maconha e Jovens*. 6 ed. São Paulo: Ágora, 1989.
4 *123 Respostas sobre Drogas*. 3 ed. São Paulo: Scipione, 1994.
5 *Adolescência*: o Despertar do Sexo. São Paulo: Gente, 1994.
6 *Seja Feliz, Meu Filho*. 21 ed. São Paulo: Gente, 1995.
7 *Abaixo a Irritação*: como desarmar esta bomba-relógio no relacionamento familiar. 20 ed. São Paulo: Gente, 1995.
8 *Disciplina*: Limite na Medida Certa. 72 ed. São Paulo: Gente, 1996.
9 *O(a) Executivo(a) & Sua Família*: o sucesso dos pais não garante a felicidade dos filhos. 8 ed. São Paulo: Gente, 1998.
10 *Amor, Felicidade & Cia*. 7 ed. São Paulo: Gente, 1998.
11 *EnsinarAprendendo*: Como Superar os Desafios do Relacionamento Professor-aluno em

Tempos de Globalização. 24 ed. São Paulo: Gente, 1998.
12. *Anjos Caídos*: Como Prevenir e Eliminar as Drogas na Vida do Adolescente. 31 ed. São Paulo: Gente, 1999.
13. *Obrigado, Minha Esposa*. 2 ed. São Paulo: Gente, 2001.
14. *Quem Ama, Educa!* 157 ed. São Paulo: Gente, 2002.
15. *Homem Cobra, Mulher Polvo*. 21 ed. São Paulo: Gente, 2004.
16. *Adolescentes:* Quem Ama, Educa! 38 ed. São Paulo: Integrare, 2005.
17. *Disciplina:* limite na medida certa – Novos paradigmas. 80 ed. São Paulo: Integrare, 2006.
18. *Ensinar Aprendendo*. Novos paradigmas na educação. 28 ed. São Paulo: Integrare, 2006.
19. *Seja Feliz, Meu Filho*. Edição ampliada e atualizada. 25 ed. São Paulo: Integrare, 2006.
20. *Educação & Amor*. Coletânea de textos de Içami Tiba. 2. ed. São Paulo: Integrare, 2006.
21. *Juventude & Drogas:* Anjos Caídos. 9 ed. São Paulo: Integrare, 2007.
22. *Quem Ama, Educa!* Formando cidadãos éticos. 10. ed. São Paulo: Integrare, 2007.

CONVERSAS COM IÇAMITIBA

- Tem 4 livros adotados pelo Promed do FNDE (Fundo Nacional de Desenvolvimento da Educação), Governo do Estado de S. Paulo – Programa de Melhoria e Expansão do Ensino Médio:
  - *Quem Ama, Educa!*
  - *Disciplina:* Limite na Medida Certa
  - *Seja Feliz, Meu Filho*
  - *Ensinar Aprendendo*: Como Superar os Desafios do Relacionamento Professor-aluno em Tempos de Globalização

- O livro *Quem Ama, Educa!*, com mais de **560.000 exemplares vendidos**, foi o *best-seller* de 2003 segundo a revista *Veja*. Também é editado em Portugal (Editora Pergaminho), Espanha (Editora Obelisco) e Itália (Editora Italia Nuova).

- Tem 12 vídeos educativos produzidos em 2001 em parceria com Loyola Multimídia, cujas vendas atingem mais de **13.000 cópias**: **1** Adolescência. **2** Sexualidade na Adolescência. **3** Drogas. **4** Amizade. **5** Violência. **6** Educação na Infância. **7** Relação Pais e Filhos. **8** Disciplina e Educação. **9** Ensinar e Aprender. **10** Rebeldia e Onipotência Juvenil. **11** Escolha Profissional e Capacitação para a Vida. **12** Integração e Alfabetização Relacional.

■ Em pesquisa feita em março de 2004 pelo Ibope, a pedido do Conselho Federal de Psicologia, Içami Tiba foi o 3º profissional mais admirado e tido como referência pelos psicólogos brasileiros, sendo Freud o primeiro, e Gustav Jung o segundo. A seguir, vêm Rogers, M. Klein, Winnicott e outros. (Publicada pelo *Psi Jornal de Psicologia*, CRP SP, número 141, jul./set. 2004).

Contatos com o autor
IÇAMI TIBA
TEL. /FAX (11) 3562-8590 e 3815-4460
SITE www.tiba.com.br
E-MAIL icami@tiba.com.br